平 步 青 云
沟通巧技能系列

员工沟通巧技能

刘平青　庄超民　赵　伟　等著

电子工业出版社
Publishing House of Electronics Industry
北京·BEIJING

内 容 简 介

面对新生代（90后、00后）员工，很多管理者不知所措。本书精选了挑战管理者的23个场景，以小故事大道理的形式具体描述了管理者会遇到的员工沟通瓶颈，并引出相应的巧技能，旨在帮助管理者妙用巧技能解决员工管理中存在的问题，一展沟通魅力，让自己说话"接地气"，有效实现管理目标。书中列举了大量的真实案例，让管理者能够身临其境品味和把握与员工沟通时的奥妙。当然，管理实践是复杂的，员工的个性是不同的，巧技能在运用过程中还需要具体问题具体分析，如此方可真正举一反三，融会贯通。

图书在版编目（CIP）数据

员工沟通巧技能 / 刘平青等著. —北京：电子工业出版社，2019.12
ISBN 978-7-121-38109-6

Ⅰ. ①员⋯　Ⅱ. ①刘⋯　Ⅲ. ①企业管理－人际关系学　Ⅳ. ①F272.92

中国版本图书馆 CIP 数据核字（2019）第 274238 号

责任编辑：王二华
印　　刷：北京盛通数码印刷有限公司
装　　订：北京盛通数码印刷有限公司
出版发行：电子工业出版社
　　　　　北京市海淀区万寿路 173 信箱　　邮编：100036
开　　本：880×1230　　1/32　　印张：8.625　　字数：182 千字
版　　次：2019 年 12 月第 1 版
印　　次：2025 年 6 月第 3 次印刷
定　　价：36.00 元

凡所购买电子工业出版社图书有缺损问题，请向购买书店调换。若书店售缺，请与本社发行部联系，联系及邮购电话：（010）88254888，88258888。
质量投诉请发邮件至 zlts@phei.com.cn，盗版侵权举报请发邮件至 dbqq@phei.com.cn。
本书咨询联系方式：wangrh@phei.com.cn。

前言：管理者理当是沟通高手

作为一名管理者，无论您是刚被提拔，还是资历深厚；无论您是管理出身，还是技术出身；无论您是处于中/基层，还是处于高层，都难免遇到如下问题：

因为员工工作"掉链子"而勃然大怒；

因为富有个性的 90 后、00 后员工而感到权威受挑战；

因为提拔员工不当导致团队议论纷纷；

因为不知如何激励下属而愁眉不展；

因为不可多得的人才离职而懊悔不已；

因为碍于情面而不知如何管理亲信；

因为心存间隙而不知如何同"眼线"交流；

因为不懂专业技术而不知如何指挥内行；

因为经常召开会议导致员工怨声载道；

因为不知如何赞美或批评员工而绞尽脑汁；

……

上述问题可能只是管理中的冰山一角，您在实际工作中肯定会遇到各种各样令人头痛的问题。有的问题于公于私无可卸责，须即刻酌办；有的问题于情于理难逃干系，须妥善处之；有的问题或大或小不便推脱，须谨小慎微；有的问题或简或杂分寸难控，须斟酌研究……可见，管理员工并非一件容易的事。您在为这些问题头疼烦恼时，是否也曾静下心来仔细思考过，出现这些问题的根本原因是什么呢？许多成功的管理大师已经把答案告诉了我们：

管理就是沟通、沟通、再沟通。——杰克·韦尔奇

企业管理过去是沟通，现在是沟通，未来还是沟通。——松下幸之助

沟通是管理的浓缩。——沃尔玛公司总裁萨姆·沃尔顿

管理者的最基本能力：有效沟通。——英国管理学家L·威尔德

历史的经验和无数鲜活的事例告诉我们一个简单而又深刻的道理——管理就是沟通，管理者理当是沟通高手。同样的问题，同样的情景，说不同的话，用不同的语气，沟通的效果自然不同。一言一行掌握有度，恰到好处，既保证双方沟通顺畅，又能切实解决问题，这就是沟通巧技能的巧妙之处。

无论您是强者还是弱者，都需要掌握与员工沟通的巧技能。强者，未必能在管理中占据绝对优势，也需要恰到好处地把自己的强处融于沟通，令员工信服；弱者，就更加有必要用心学习沟通的巧技能，巧妙地总结提炼自己的优势，达到沟通的目的。

那么，员工沟通的巧技能究竟是什么？概括起来，就是以下四句话：

强而不霸，弱却有心——身为管理者，虽然拥有资源、权力等优

势，但不自大张扬，能够给予他人尊重和包容。在同员工沟通任务布置、责任分担、成绩分配时言语得当，沉着处理。或许有时会因处于新的工作环境或职位而略有不适，暂处弱势，亦可通过用心观察得以转弱为强。

沟通系统，细节感人——沟通是一个系统，要善于构建沟通闭环。在同员工谈论升职、绩效、薪酬、离职等话题时把握其心理特点，抓住其心理以"攻"之。同时注重沟通细节，以小抓大，从而产生画龙点睛的效果。

尊重差异，展示特色——尊重彼此间的文化、习俗、性格差异，并能在沟通过程中巧妙地展示自身的特色。在同副手、亲信、眼线、资深下属以及不善言谈的技术专家等人的交往中"因人而异""因材施教"，既能凸显对对方的尊重，又能形成自己独特的管理风格。

角色明确，换位思考——明确自己在沟通中扮演的角色，善于换位思考。在倾听意见、传达信息、有效开会和评价员工等问题的处理上将心比心，多从他人角度思考问题，切实考虑员工的想法，倾听员工内心的声音。

本书精选了挑战管理者的 23 个场景，以小故事大道理的形式具体描述了管理者会遇到的员工沟通瓶颈，并引出相应的巧技能，旨在帮助管理者妙用巧技能解决员工管理中存在的问题，一展沟通魅力，让自己说话"接地气"，有效实现管理目标。书中列举了大量的真实案例，让管理者能够身临其境品味和把握与员工沟通时的奥妙。当然，管理实践是复杂的，员工的个性是不同的，巧技能在运用过程中还需要具体问题具体分析，如此方可真正举一反三，融会贯通。

员工沟通巧技能，帮助您成为真正的管理沟通高手！

刘平青　庄超民

2019 年 10 月于北京

目　　录

1

第一篇

强而不霸，弱却有心

　　带领团队完成工作，这是管理者最基本的职能之一，也是区分优秀管理者和平庸管理者的重要基础。部分管理者依然喜欢采用传统的"命令式"口吻来强压员工执行任务，试图通过这种"霸"的管理风格来树立权威和督促员工，可员工并不买账，尤其是90后、00后的个性员工，更容易产生抵触心理。另有部分管理者为了保持在员工面前的威严形象，不愿意承认自己的弱势，"你按我说的去做就行"已经成为口头禅，难以让员工真正心服口服。

　　在带领团队完成工作的过程中，管理者需要面对3个具有挑战性的场景：（1）任务布置，如何细化？（2）执行过程，如何推进？（3）取得成绩，如何看待？在这些场景中，涉及许多管理者常见的话题，如人员配置、授权、加班等。无论是强者还是弱者，在面对这些常见的场景和话题时，都需要灵活运用沟通巧技能。

　　强而不霸，若却有心，助您带领团队高效完成任务。

场景01：任务布置，如何细化

> 真正的领导不是要事必躬亲，而在于他要指出路来。
>
> ——米勒

管理者在组织中发挥着什么作用？最基本且最重要的一个作用就是"承上启下"。即解读上级制定的战略目标，通过不断深化、优化和细化，结合本部门的实际情况，为本部门和下属员工制定一个合理的目标，并将任务计划合理分配到每位员工，监督并推进任务顺利进行。在整个过程中，最基础的一项工作就是制定目标并布置任务，这也是区分优秀管理者和平庸管理者的一个重要标准。有的管理者喜欢扮演一个"传声筒"，有的管理者喜欢胡乱分配工作，有的管理者喜欢充当甩手掌柜，其结果可想而知。真正优秀的管理者，能充分发挥带领和引导的作用，既能合理布置任务，又能合理用人；既能顺利完成工作，又能栽培下属；既能提高个人能力，又能促进团队合作。

一、甩手掌柜还爱抱怨

管理者应该学会授权，这是一个家喻户晓的道理，但有不少管理者，尤其是新晋升的管理者，却对这个简单的道理产生了过度的理解，陷入了另外一个极端的误区——甩手掌柜。在这些管理者眼里，自己的时间和精力应该放在战略决策上，至于工作任务，只需要抓结果就行。于是，在布置任务时像个"传声筒"一样，把上级下达的指示直接甩给下属员工，任务布置不清楚，执行过程不闻不问，结果出了问题，还抱怨员工当时没问清楚，抱怨员工工作能力不行，把责任都推给员工，这样的甩手掌柜要不得。

案例 1-1

甩手掌柜要不得

张平是北京某公司人力资源部部长，所在的公司将于 6 月份在泰国举办全球经销商峰会，由于公司十分注重此次会议，公司领导要求张平带着部门大部分员工与行政部门一起去曼谷筹办会议。但是 6 月也是毕业季，人力资源部还有校招任务及校招员工的培训工作急需完成。

这天，部门新进的员工小李接到了部长张平打来的电话。张平说："小李，我最近很忙，顾不上新员工培训的事情，考虑到你工作认真细致，这件事我就交给你负责，不懂的地方就问问部门其他老同事。"小李既激动又有点为难，激动是因为领导对他能力的肯定，而为难则因为自己之前没有这方面的经验，实在不知道如何下手。于是他找同事借来了之前的培训方案，加班加点地制定出今年的培训方案。

张平回国后，立马见了小李，说："这段时间辛苦了，培训工作安排得怎么样？"

小李："我结合之前的方案制定了今年的方案，现在已经和培训公司谈妥了，培训费 10 万元，定金我已经交过了。这是合同，请您过目。"

张平脸上渐渐显出愠怒之色："方案我同意了吗？已经交押金了？钱从哪来的？"

小李先是一怔，然后说："之前您在泰国，我给您发微信，您说很好啊。押金用的部门的培训费。"

张平怒道："你那个方案我看了是说很好，但是我让你就定了吗？培训方案是要上会讨论，需要我、财务总监和业务经理签字的！你怎么擅自做主？"

小李愣住了，一时哑然。心想："你又不告诉我怎么做，还让我全权负责，说了方案很好，现在又说我擅自做主，我怎么就遇上了这样的领导。"

（资料来源：笔者根据相关资料整理）

上述案例中，小李没有及时汇报固然有错，但张平作为其直接上司，应该承担主要责任。张平自己很熟悉培训项目的申办流程，却没有考虑到新员工小李并不熟悉，在布置任务时没有说清楚，也没有及时给予工作指导，回国后才想起这事，出了问题不反省自身，却直接将责任推给下属小李。这样的管理者可能很"威风"，但是在员工心目中却是威信扫地。为了一时轻松而选择当一个甩手掌柜，自己高高挂起却还喜欢抱怨下属，这样的管理者就是团队成长和组织发展的绊脚石。

二、优秀管理者多商量

与甩手掌柜相反，受员工欢迎的优秀管理者在布置任务时往往会采用商量式的口吻，既把工作讲清楚，又能因人而异发挥每个人的长处。

案例 1-2

"我表达清楚了吗"

下周五，某汽车制造公司的大客户中东某国家交通部部长将会来公司考察，希望采购一批商务用车。张勇是这家汽车制造公司海外销售部部长，也是此次活动的总负责人。

张勇召集参加此次招待工作的人员开工作安排会。会上张勇详细地讲解了活动流程和重要性，将任务进行了详细的分解，安排到个人。会后，他将小吴单独留下来。小吴是部门新来的员工，综合素质高，尤其是英语和阿拉伯语说得非常流利，张勇有意培养他。

张勇说："小吴，刚刚的任务安排，我表达清楚了吗？"

小吴："很清楚了。"

张勇："你复述一遍！"

小吴："我需要在本周三之前与对方的秘书确认来访人数，并提前安排好住宿。在对方到访后全程陪同翻译。"

张勇："很好！不过，你打算怎么和对方的秘书确认那些信息？"

小吴："我一会儿打个电话给对方秘书，询问下人数和餐饮、住宿要求。"

张勇："小吴，打电话会不会说不清楚，发邮件会不会更好一点？"

小吴不好意思地挠挠头："啊，我习惯打电话处理问题了。张部长，我这就回去写个邮件，写完发给您看一下。"

张勇站起来拍了拍小吴的肩膀说："你成长得很快，我很看好你，所以这次把这么重要的任务交给你，一定要认真细致，遇到问题就问我。"

小吴心里一暖，忙不迭地说："好的，好的，谢谢领导！"

（资料来源：笔者根据相关资料整理）

不是所有员工一开始就知道上司的所思所想，所以作为管理者不妨学学上述案例中的张勇，用商量式的口吻，准确细致地传达自己的想法。尤其是给新员工布置任务时，需要把工作内容进行详细分解，并给予必要的帮助。这样不仅能提高工作效率，还能通过顺利完成工作调动员工的积极性。具体布置任务时应该做到以下四点：

（一）制订计划要胸有成"图"

针对每一个项目或任务，管理者心里要有一张"图"，一张完整的"流程图"，图中呈现出项目的整个流程，由环环相扣的多个环节组成。管理者作为"总工程师"，要对整个流程有一个清晰的了解和掌控，要对任务的背景、目的、要求、时间节点、工作进度等信息了如指掌，才能将组织的目标细化成一个个具体的任务。在制订任务计划时，应该明确"5W2H"：

What：工作任务内容是什么？

Why：工作任务的背景和目标是什么？

Where：工作任务在哪里执行？

Who：工作任务由谁负责，由谁协助？

When：工作任务进度应该是怎样的，完成时限要求如何？

How：工作任务应该如何完成，有哪些特别注意的事项？

How much：工作任务的成本控制是什么，这个任务要做到什么程度，达到什么标准？

案例 1-2 中，我们可以将任务做如下解读：

What：商务接待，国家交通部级别。

Why：让外宾了解公司产品并成功将产品卖给外宾。

Where：主要接待场景有公司、厂房、酒店、宾馆以及特色旅游景点。

Who：相关部门负责人配合完成。

When：下周五正式接待，下周三前需要做好所有准备工作。

How：确认外宾的饮食、居住要求，且在与外宾的接触过程中，需要了解他国的礼仪和文化，以免产生不必要的误解。

How much：确定接待标准。

（二）布置任务要具体明确

有些管理者在布置任务时喜欢用"尽快""尽量""抓紧""做好""漂亮一点""快一点""好一点""赶快""还行""应该""可能"等一些表意笼统、模糊的词句，容易造成员工理解上的偏差，也有可能给接下来的任务执行埋下隐患。

要想让员工高效完成任务，前提是管理者能够具体明确地布置任务，至少应该把以下几个信息讲清楚。

（1）任务背景——为什么会安排这项工作？事情的来龙去脉是什么？

（2）任务目标——工作应该做到什么程度？需要完成什么目标？这项工作与员工自身有什么关系？

（3）任务内容——每个员工需要完成什么具体的工作？需要对哪些环节和内容负责？

（4）任务时间——整个流程的时间是如何安排的？分为几个环节？每个环节的时间节点是什么？

（5）任务权责——员工在完成工作过程中有哪些权利？需要承担什么责任？团队内部成员之间如何配合？

除此之外，在传达任务时，语气和方式也很重要。不同的语气、方式往往会起到不同的作用。用商量的语气布置任务，有时候会收到意想不到的好效果。世界上没有人喜欢听别人发号施令，大多数人更愿意别人征求自己的意见和建议。聪明的管理者要知道，每个人都想做主角，特别是那些有能力的员工，如果给予他们尊重与信任，那么他们一定会全力以赴。

不要只通过口头传达任务，尽量留存一些文字记录，以便员工和管理者实时查阅自己的任务，了解自己的职责。

案例 1-2 中在传达任务时，可以这么说：

巧技能术语

"小吴，我们下周五需要进行商务接待，对象是某中东国家交通部的部长及其所带领的工作人员。需要你在本周五之前通过邮件与对方秘书确认人数、行程及饮食要求。我们这次接待任务十分重要，遇到问题可以随时问我。"

（三）配置人员要因人而异

只有将合适的工作交给合适的人去做，才能发挥员工的最大效能，同时也能确保工作顺利完成。在配置人员时，不能只从任务本身出发，更重要的是要站在员工的角度去思考。

首先，应该考虑的是员工的优势与短板，了解员工擅长做什么，不擅长做什么。如果任务重要且紧急，则应该让最擅长的人做最擅长的事。如果是出于栽培员工的考虑，则可以适当把员工安排到其弱势的工作方面，让其锻炼成长。

其次，除了考虑员工的能力和经验，也要了解员工的工作状态，判断其身心状态是否能够胜任当前的工作。

最后，也要考虑员工个人的意愿及员工之间的合作。

在案例 1-2 中，张勇考虑到小吴精通英语和阿拉伯语，所以委派他作为与外宾接待的主力，但是考虑到他是新员工，工作经验不足，所以又单独留下他，让他复述任务、提出工作计划，以一种商量的口气使其改进工作计划中的不足。

（四）工作细节要反复确认

将合适的工作交给合适的人并不代表这件事情就告一段落。每个人的理解都是千差万别的，所以在任务内容、时间节点、工作要求等一些细节方面要跟员工再次确认一遍，并且让员工重述一遍，看看员工是否真的了解要做的工作。此外还应该制订相应的考核监督计划，定期检查计划执行情况，及时发现问题，以免造成不必要的损失。

三、布置任务时避免用人三大误区

在布置任务时，有的管理者会因为用人习惯或主观情绪而出现用人误区——鞭打快牛、用人不疑、疑人不用。

（一）"鞭打快牛"

在团队工作中，"鞭打快牛"的事屡见不鲜。

干工作快的人发现，总会有更多的工作安排下来；而那些干工作慢悠悠的人，却一直工作量比较少。慢慢地，"快牛"也没了心力和动力，变成了"慢牛"，或者干脆"愤蹄"离去。更有甚者，有的"快牛"在情绪的影响下，成为团队的离心力和破坏力。而对那些没什么工作量的"慢牛"一直放任自流，则会加剧团队的懒散。

这种局面的形成归根结底离不开管理者欠妥的工作安排方式。要想让团队积极蓬勃地发展，就需要让"快牛"变成"快快牛"，给"快牛"及时的激励，无论是物质的还是精神的，安排工作时要注意劳逸结合；而"慢牛"要变"快牛"，则需要不断在实践与学习中提高，管理者要放手让"慢牛"走向台前，迫使他们不断地调整自己来适应工作的需求，尽快成长。激励"快牛"，鞭策"慢牛"，促进团队合力实现"1+1＞2"，团队才能基业长青。

（二）"用人不疑"

许多管理者对自己一手提拔的人有极强的信任感，认为自己十分了解下属并且下属对自己也抱有感恩之心。但是人是十分复杂的动物，绝对的权力容易滋生腐败。所以用人需要监督机制，只有在监督的情况下系统才会有序运行。

这里的"用人要疑"指的是要建立监督机制，此外还要严格执行。这其实也是对员工的爱护，让员工在铸成大错前就有预警。用了的人不等于不需要监督，疑问在先，就能把可能产生的风险降到最低。古往今来的诸多案例告诉我们，最危险的往往都是潜伏在身边的威胁。

（三）"疑人不用"

"疑人不用"的"疑"很可能只是个人的误解和偏见，带有强烈的主观色彩，未必准确。人都有七情六欲、喜怒哀乐，当我们喜欢一个人时，其缺点也是优点；当我们讨厌一个人时，其长处也成短处。

在组织里可能会存在这种现象：如果管理者喜欢某个人，那个人所带领的团队就发展迅速，业绩"噌噌"上涨；如果管理者讨厌某个人，那个人所带领的团队就会士气低迷，业绩下滑。

这是为什么？简单来说就是管理者会向喜欢的人或项目倾注更多的关注和资源。

一个真正优秀的管理者，不在于培养了多少他喜欢的下属，而在于有没有带出一些他不喜欢却能成事的下属。"疑人可用"就是在下属人格、能力不确定的情况下，观察、选拔和使用他，避免埋没人才和浪费人才。敢用疑人，会用疑人，才能保证组织的人才用之不竭。

如果因为个人原因讨厌某人，而不愿提供更多的发展机会，就很可能抹杀了组织的一个发展机会。一个优秀的管理者，知道公私分明，自己的好恶是一回事，组织的整体利益是另一回事。只要这个人符合组织发展的需要，即便自己不喜欢，也要起用，这才是管理者应有的气度和胸襟。

　　管理要以追求效益为第一目的，为了达到"管理出效益"的目的，就要打破用人误区。例如，"鞭打快牛"，让"慢牛"变成"快牛"才是解决问题的根本；"用人不疑"，人是易变的，"用人要疑"才是管理之道；"疑人不用"，那会扼杀组织发展的机遇，"疑人也可用"才是突破之路。

场景 02：执行过程，如何推进

> 新型的领导者是一名推动者，而不是一名发号施令者。
>
> ——奈斯比特

管理者的工作，除了给员工指明方向，还要保证员工能够按照既定的方向前进。在这个过程中，如果管理者疏于沟通，会带来两种风险：一是工作偏离路线，未能按时完成；二是短期目标虽然完成了，却损害了长期利益。在任务执行过程中，管理者虽然不需要事必躬亲，但也不能不闻不问，既要重过程管理，也要合理授权；既要扮演带头先锋，也要做好坚强后盾。除此之外，针对"加班"和"90 后、00后管理"这两个常见的话题，更需要管理者掌握沟通的巧技能。

一、重过程管理，勿干涉过度

工作布置结束并不代表管理者的任务就结束了，相反，如何高效推进任务完成，才是真正考验管理者水平的难题。在大局上应该注重过程管理，而在小细节方面应该给予员工足够的施展空间。

（一）过程比结果更重要

不少管理者在把事情交付给员工之后，就撒手不管，只等着最后验收结果。这种只看结果不管过程的管理方式，存在极大的风险，员工有可能无法按时完成目标，也有可能为了实现短期目标而牺牲了长期利益。

案例 2-1

"放权"不等于"放任"

凯旋房地产公司（简称凯旋地产）是 A 市数一数二的房地产公司。近些年，凯旋地产的老板施某随着年龄的增大，希望花更多时间陪伴家人，所以公司的事务渐渐放手交给几个副总去做。

可惜好景不长，凯旋地产新开发的楼盘凯旋城被举报偷工减料，被暂停销售，并在一年内暂停核发预售许可证。施某回忆，在放权的这两年时间里，自己对凯旋城项目不闻不问，当有的副总向自己反映公司出了点状况时，因为看到项目运行进度很不错，所以也没放心上。

在公司对凯旋城项目自查时发现，过去两年几位副总明争暗斗，把公司弄得乌烟瘴气。有的为了降低成本、利润最大化，偷偷更换了供应商，以次充好；有的为了加快进度，强迫工人赶工，工人们心有怨气，糊弄工作。看到结果，施某悔不当初，当时自己以为放权后就万事大吉，只看项目最后的结果，不去监督项目运营过程，让几位副总有所懈怠，最终铸成大错。

（资料来源：笔者根据相关资料整理）

案例中的老板施某在充分授权之后，只看结果不管过程，最终造成了巨大损失。管理者的"不负责任"，不仅会造成利益的损失，也有可能严重影响团队的内部关系，"为了争抢功劳而互相踩踏、挤兑同事"的案例也是屡见不鲜。过程管理的重点在于以下三个方面。

1. 清楚整个流程，主抓关键环节

正如前文所言，管理者心里要有一张"流程图"，要清楚整个流程是由哪些环节组成的，同时也要清楚任务的具体进度如何。只有卡住每个环节的时间节点，才能实现主动管理，而不是被动地被截止时间追着跑。

当然，管理者不可能把时间和精力都花在整个流程上，这就需要管理者能够分辨出哪些是关键环节，并对关键环节投入足够的精力。如有需要，关键环节可以亲自上阵。

2. 关注团队动态，主抓关键员工

管理者不能离团队太远，工作落实到员工身上之后，也要关注其工作动态，以及整个团队的合作情况，一旦出现问题能及时解决。当然，一个团队少则数人，多则成百上千人，管理者不可能实时掌握每位员工的工作动态，因此有必要重点关注两类关键人：一是每个工作模块或工作环节的主要负责人，工作不能直接甩给团队，而应该确定主要负责人并及时关注；二是影响任务完成情况的关键员工，有可能是掌握关键技术的人，也有可能是团队的害群之马。

3. 随机抽查真相，定期汇报进度

过程管理要形成系统的监督机制，一是要不定期抽查，能够获得真实的信息，以防员工虚报情况，尤其是在关键环节上；二是要形成定期汇报的机制，定期听取员工汇报任务进展情况，除了能及时发现问题、解决问题，还能让员工意识到管理者非常重视这件事，也一直在关注这件事。要给员工制造一种感觉"管理者非常看重这件事，同时也非常相信我，我一定要努力做好，不让上司失望"。

（二）合理授权，大展拳脚

任务布置之后，管理者切忌过度干涉，否则只会给员工添乱；给员工足够的施展空间，才能让员工大胆放手去做。

案例 2-2

下属"退化"源自管理者干涉过度

王俊在 A 公司担任市场部经理，近日公司拿下一个新的项目，并为此组建了新的项目组。员工小张因为一直以来工作能力突出，被任命为项目组组长，小张也主动承担起了很多工作，鼓足干劲儿准备大干一番事业。会上小张提出了关于项目的计划和一些创新的想法，但王俊认为小张还年轻，工作安排不可行，直接推翻了小张的很多想法，并插手了一些具体工作。不仅如此，王俊愈发表现出对小张的不信任，经常在项目组成员面前批评他，并要求项目组成员将项目的具体事项直接向自己汇报。小张对此很郁闷，每天很辛苦地工作，都是为了满足领导的想法，但是只要与领导的想法有偏差，就会被批评。

这样一来，不仅小张工作很难开展，底下干活儿的人都摸不着头脑，搞不清楚到底该听谁的。久而久之，小张这个组长开始变得形同虚设。大家虽然很辛苦却总是被公司领导否定，项目进展因此缓慢。王俊因此更加着急，经常让大家加班，搞得自己和大家都很累，所有人都是满腹牢骚。这一切都被王俊归咎于小张。小张最终被领导撤换，而整个项目也陷入了停滞。

（资料来源：笔者根据相关资料整理）

小张的烦恼绝非个例，每个公司都有喜欢过度干涉的管理者。在许多管理者眼里，下属做得肯定不如自己，于是事必躬亲。这样一来，不仅自己被众多工作束缚得焦头烂额，下属也变得越来越依赖管理者，越来越不自信，自主性和工作积极性都会下降。

所以，在布置任务之后，管理者一定要合理授权。合理授权一定要注意以下三个问题。

1. 什么权必须授

一些繁文缛节的手续不仅对掌控项目毫无益处，反而会拖累项目进程。如果员工每天都把精力花在找领导签字的事情上，哪还有时间专心完成工作。管理者应该明白哪些权必须下放，哪些不必要的环节可以免去，在可控范围内尽最大能力帮助员工减少不必要的麻烦。

2. 什么权可以授

除了一些不必要的繁文缛节，其他授权则需慎重。有些权力可以合理下放，如风险较低且员工较为擅长的工作，可以减少员工开展工作的阻力，同时也是培养锻炼员工的好机会。但有些权力则不能随意授，以防出现员工滥用职权的现象，如财务报销、涉及组织机密的事项等。

3. 什么人可以授

确定什么工作可以授权之后，也要选择合适的授权对象，除了考察授权对象的能力，还要考察其人品及在团队中的人际关系。

当然，权力和责任是相对应的，为了防止员工滥用权力或无节制地扩大权力范围，在授权时一定要清晰规定权力的范围，以及权力相对应的责任。授权之后，要给予员工足够的信任和支持，让员工可以放心、放手去做。

二、做带头先锋，当坚强后盾

冰壶运动员始终冲锋在前，为冰壶的滑动指引方向，通过不停地摩擦，一路降低冰壶所受的阻力。管理者就像是冰壶运动员，员工就像是冰壶。管理者既是带头先锋，披荆斩棘，一路为员工指引方向，也是员工的坚强后盾，为员工保驾护航。

（一）及时冲到第一线

作为管理者，要担任先锋，及时冲到第一线，和员工们共同奋战。除了能够拥有良好的群众基础，同时也有助于了解基层和任务的进展情况。

有些员工在工作中遇到问题，或者出现失误，因为害怕被上司批评而选择谎报信息。但是商场如战场，任何一个小的疏漏，都有可能造成不可恢复的损失。与其事后亡羊补牢，不如自己及时掌握一线信息。

（二）给员工足够的"安全感"

深受员工欢迎的管理者往往喜欢说"你们尽管放心去做，有什么问题我帮你们解决"。在工作推进中，员工们难免会遇到许多问题，管理者又该如何给员工营造足够的"安全感"呢？

1．人员调配

下属没有调配人员的权限，但是作为管理者，可以就事授权，让员工负责某件事，给他人事调动的权力，让其他员工听从调配。若管理者不放心这个员工，担心他不具备独自调配人员的能力，也可以提前将工作安排到个人，再由该员工做统筹规划。

2．跨部门合作

在工作中，很多事情需要多部门联动，这时候就需要管理者与其他部门的管理者提前做好沟通，切不可由自己部门的员工去直接调配其他部门的员工，也不可由自己跨部门调配人员。这种越界的行为是职场的禁忌。当员工遇到需要其他部门协助的事情时，作为直属领导不能怕麻烦，一定要与对方领导提前交流，征得同意后再合作。

3．资源调配

在工作过程中，作为管理者，要确保员工的资源充足，让员工有归属感。像项目资源、人事资源，如果项目需要，员工又没法解决，作为上司可以给予力所能及的帮助，尽可能地协助下属完成工作。

三、有事才加班，加班多商量

加班就像借钱，"救急有时尽，救穷无绝期"。如果是年底赶进度，或者是客户临时增加需求这种临时性的需要短时间内增加工作量的加班，则需要与下属积极沟通，达成一致意见。如果是因为公司整体工作效率低下，每天只能通过加班完成基本工作任务的加班，那么这样的加班毫无意义，要考虑的是如何提高工作效率。

（一）能不加班，就不加班

在组织里，常常会出现这种现象：员工一早来了，慢悠悠地打水泡茶、看报纸，无所事事；领导则开始收邮件，听报告，忙得团团转。等到中午领导开完会，才开始安排工作。到了下午才拼命压迫下属赶工，甚至晚上加班来弥补上午损失的时间。妥善拟定进度，让员工随时有事可做，不用加班做，可不是一件小事。

最近网上流行一句话："工作 996，生病 ICU。"虽然一些商界大佬们都赞同 996 的工作模式，甚至说能够 996 是一种福分，但笔者并不完全赞同这种让加班变得常态化的现象。首先我们要辨别员工加班是否是必要的：一是有些员工上班不认真干活，经常把工作拖到下班再做；二是有些员工为了在上司面前假装自己很努力，故意加班加点。如果为了加班而加班，是否还要坚持 996 呢？其次，如果工作真的需要员工经常加班来完成，管理者则需要考虑增加人手。

（二）提前商量，尊重意见

如果确实需要加班，则需要提前跟员工商量，让员工了解情况的紧急性。每个人除了工作都有自己的生活，作为管理者要尊重下属的私人时间，加班要提前告知；如果员工确有急事，那么看事情的重要程度，若不是非他不可，切不可强求。

（三）以身作则，平息民怨

如果项目紧急，必须要加班，作为管理者，最好以身作则，自己带头加班。否则，员工会怨声载道，久而久之，团队将离心离德，加班得不偿失。

（四）加班补贴，劳有所获

有急事可以加班，但最好要有补贴。正规的组织都会有关于加班补贴的规定，但是真正执行的少之又少，员工时常抱怨请事假要扣工资，加班却不给工资。急事加班，除了给予加班补贴外，还可以让员工选择调休，保障员工的基本权益。

四、员工年轻化，心态须开放

随着时间的推移，90 后、00 后员工逐渐成为职场的主力军。与70 后、80 后截然不同的是，他们有鲜明的个人色彩，做事热情投入而职业稳定性极低，换工作跟换衣服一样频繁。在组织招聘和培训成本愈来愈高的今天，管理者要直面员工年轻化带来的变化，要有一个开放的心态，改变管理理念、管理方法，因为，世界终究是属于年轻人的，组织的未来也需要托付给年轻人。

（一）读懂 90 后、00 后员工的个性特点

特殊的社会背景和家庭环境，塑造了 90 后、00 后员工鲜明的时代特征。

1．强调自我意识，但易以自我为中心

由于 90 后、00 后员工成长的环境和各方面的条件相对优越，且大多数都生长在独生子女家庭，因而他们大多具备较强的自我意识和独立人格，由着自己的爱好和个人的意愿。

2．重视自由平等，但易忽视管理和权威

90 后、00 后员工生活在互联网时代，信息获取便捷丰富，因此他们往往具有崇尚自由平等的思想，不受传统观念和思想的束缚，不迷信权威，较为排斥传统纵向的、命令式的人际交往模式，爱好扁平化、自由平等的沟通交流模式。

3．积极乐观，但抗挫能力弱

90 后、00 后员工绝大多数成长在相对和谐、优裕的家庭，因此他们的内心通常积极向上、充满阳光，但是由于没有经历过时代的变迁和激烈冲撞，而且在"4+2+1"的家庭中受到长辈的呵护较多，因此在独立面对困难和挑战的时候往往抗挫能力较弱。

4. 明辨是非，但易任性浮躁

90后、00后员工有较为理性和客观的是非观，喜欢伸张正义，勇于表达内心想法。另外，在一定程度上显得任性自我，遇事容易浮躁。

5. 创新意识强，但自我管理能力弱

90后、00后员工生活在互联网时代，信息接收高效、便捷，知识吸取快速、广泛，他们往往思维活跃，具有较强的创造力和创新意识；但另一方面，由于他们生活在自由的和平时代和愉悦放松的家庭环境中，不愿意接受条条框框的束缚，因此自我管理能力（如独立生活能力、实践管理能力等）较弱。

（二）了解90后、00后员工的工作特点

90后、00后员工有着独特的时代标签和个性特质，这些个性特质也会映射到日常工作中，形成他们的工作特点。他们的工作特点主要表现为以下几个方面。

1. 工作选择多样化

90后、00后员工在选择工作时，往往优先考虑的是自身的兴趣，并不会受所学专业的限制，因为互联网为他们提供了大量的学习机会。他们遵从自己内心的想法，喜欢尝试不同的工作和职业领域，并且希望组织给他们提供多样化、多元化的发展机会，展示自己不同层面的能力和素质。

2．工作态度个性化

90 后、00 后员工的工作态度个性化主要表现为他们的工作易受个人情绪和个人想法的左右，工作与个人生活界限分明。他们遇到不符合自己意愿的事情，往往情绪波动比较大。他们专注工作，成效明显，但一遇到不开心的事或个人事务缠身的时候，易出现消极怠工的现象。

3．工作方法缺细节

90 后、00 后员工思维活跃，工作积极主动，有创造性，但往往缺乏对细节的关注。他们容易忽视细节和组织的规章制度，对事务存在理想主义的幻想，缺乏脚踏实地、关注细节的耐心。刚走上工作岗位的员工往往还存在眼高手低的情况。

4．工作方式缺沟通

90 后、00 后员工崇尚自由平等，强调自我意识，加之现在网络、智能手机的普及，因此他们在工作时比较喜欢按照自己的意愿去处理事情，缺少与上司、同事的沟通。

5．工作期望重认可

90 后、00 后员工由于从小有着较好的物质生活，因而大多数 90 后、00 后员工在物质层面并没有多大的追求，他们更看重的是马斯洛需求层次中的自尊需求和自我实现的需求，希望得到他人的认同和夸奖。一些组织在管理 90 后、00 后员工时，仍然采取传统的物质激励手段，无法满足 90 后、00 后员工的真正需求，这是导致他们频繁离职的重要原因。

（三）面对 90 后、00 后员工应开放心态

1．告知原委，自由选择

许多管理者发现现在的员工越来越难管理。从一定角度来看，80 后、70 后员工会更"听话"，只要上级下达命令，普遍都会严格按照上级的要求去完成。但 90 后、00 后员工不一样，如果遇到他们不愿意做的事情，或者不理解、不赞成的事情，极有可能就会直接拒绝；此外，他们还会质疑上司的做事原因和做事方法。

90 后、00 后员工更具有自主性，他们希望能够了解事情的全貌。如果管理者在布置任务时，能够说明为什么做这件事，或者为什么不这么做，引导 90 后、00 后员工换个角度思考问题，那么布置的任务可能会被顺利完成。

2．放低姿态，习人优点

管理者不要以为威严就是威信，威信往往滋长于员工心中，看似柔弱却无坚不摧；面对自己的错误要敢于剖析和反省自己，学会学习别人的优点。可悲的是有些管理者爱在员工面前称王称霸，这样做不仅会损害管理者的威望，还会让员工反感而失去信任。在与管理者相处时，员工一般会感到紧张、拘谨，管理者应善解人意，放低自己的姿态，以真诚的态度、风趣的言谈，主动创造和谐轻松的气氛，消除对方的紧张心理，缩短彼此的心理距离。

3．行明确事，自成方圆

90 后、00 后员工与 80 后、70 后员工相比，缺乏规则意识，不注

重组织的规章制度。彼得·德鲁克说过："管理就是原则。"原则是一种行事的标准，也是对工作质量的规范要求。作为管理者，在给员工布置工作时一定要制定标准，并严格执行，这样员工做事就会"有法可依，有理可据"。

4. 谈兴趣事，积极沟通

对于兴趣事，我们需要充分挖掘员工的兴趣点，了解他们的需求和关心的事情，并将自己擅长的事、有意义的事与他们感兴趣的事相结合，寻找共通点和共鸣点，多和员工谈他们感兴趣的事情，讲他们爱听、能听进去的话，千万别只顾谈自己的那点陈年旧事。

5. 以心换心，细节感人

管理者要关注细节，关注员工的人和事，学会换位思考，设身处地为员工着想。这样既可以树立管理者平易近人的形象，又能使员工受到鼓舞，把管理者视为朋友和知己，从而敞开心扉，以心交心。

巧技能术语

"你很有想法，我觉得你的这个点子非常不错，很具有创新性，如果这个方案可以实施的话，在具体操作和执行层面你有进一步的想法和看法吗？"

场景 03：取得成绩，如何看待

> 好的领导不贪功，他们只承担责任。
>
> ——格拉斯哥·阿诺德

共苦之后是否能够同甘，才是真正检验一个管理者格局的时候。当团队取得成绩时，如何划分这块"蛋糕"直接关系到人心聚散，管理者如果独揽功劳或者分配不均，会严重挫伤员工的积极性。一个成功的管理者，善于建立一个激励型团队，营造一种"多劳多得，良性竞争，合作拼搏"的团队氛围，调动员工的积极性，不断攻坚拔寨。而要建立一个激励型团队，关键是要做好以下四个方面的工作。

一、规矩先定好

"先把蛋糕做大"已经成为许多管理者的口头禅，这种看似美好的愿景，其实是一种过时的理念，不仅无法真正激励员工，反而会引起员工的抵触情绪。正确的激励逻辑应该是"我有目标，你有需求，我的目标也是你的需求，我们先把规矩定好，然后一起把事情做好，成功之后一起有肉吃、有汤喝"。

案例 3-1

空谈理想，不顾实际

小王硕士毕业后到一家互联网公司工作，工作期间因其个人技术水平出色，不仅做出了不错的成绩，还带动了部门同事技能的提升。领导也愈发分配一些较难的项目给小王处理。领导多次与小王谈话，强调公司的前景与发展，并鼓励小王。面对领导的"教导"，小王感觉信心倍增，动力十足。然而久而久之小王也愈发迷茫，一方面是工作上负了多项事务，压力较大；另一方面是在个人发展上毫无实际进展。领导与其谈话出现较多的情况是："小王啊，工作不要光看重钱。咱们公司计划年内就上新三板啦!公司发展潜力很大，最近很多行业大佬都很推崇我们公司的模式啊!明年我向公司给你争取更大比例的期权!"很显然，这种画饼的方式，没有落实到福利体系上，如果平时什么都没做，临时说期权是没有作用的；再者，如果一直不给出具体规划和方案，"计划""争取"的口号最终会让小王选择跳槽。

（资料来源：笔者根据相关资料整理）

案例中的小王虽然工作出色，但最终会因为其领导一直"画大饼"而失望。身为管理者，要想让员工心甘情愿地"卖命"，就应该提前定好规矩，这是一切的基础。所谓的定规矩，不是一味地"画大饼"，而是要跟员工讲清楚三个问题：（1）完成这项工作与员工自身的关系；（2）员工能从这项工作中取得哪些切实的利益；（3）工作完成后，奖励员工的具体政策。

二、承诺应兑现

当员工为了最初的承诺而努力拼搏之后，管理者却由于各种原因无法兑现承诺，这种"空头支票"给员工和团队造成的伤害是灾难性的，不仅自损管理者的威信，还会影响员工的积极性和稳定性，对公司的发展是十分不利的。

案例 3-2

商鞅立木

秦孝公拜商鞅为左庶长（秦国的官名），说："从今天起，改革制度的事全由左庶长拿主意。"

商鞅起草了一个改革的法令，但是怕老百姓不信任他，不按照新法令去做，就先叫人在都城的南门竖了一根三丈高的木头，下命令说："谁能把这根木头扛到北门去，就赏十两金子。"

不一会儿，南门口围了一大堆人，大家议论纷纷。有的说："这根木头谁都拿得动，哪儿用得着十两赏金？"有的说："这大概是左庶长成心开玩笑吧。"

大伙儿你瞧我，我瞧你，就是没有一个敢上去扛木头的。

商鞅知道老百姓还不相信他下的命令，就把赏金提到五十两。没有想到赏金越高，看热闹的人越觉得不近情理，仍旧没人敢去扛。

正在大伙儿议论纷纷的时候，人群中有一个人跑出来，说："我来试试。"他说着，真的把木头扛起来就走，一直扛到北门。

商鞅立刻派人传出话来，赏给扛木头的人五十两黄澄澄的金子，一分也没少。

这件事立即传了开去，一下子轰动了秦国。老百姓说："左庶长的命令不含糊。"

商鞅知道，他的命令已经起了作用，就把他起草的新法令公布了出去。新法令赏罚分明，规定官职的大小和爵位的高低以打仗立功为标准。贵族没有军功的就没有爵位；多生产粮食和布帛的，免除官差；凡是为了做买卖和因为懒惰而贫穷的，连同妻子儿女都罚做官府的奴婢。

秦国自从商鞅变法以后，农业生产增加了，军事力量也强大了。

（资料来源：笔者根据相关资料整理）

如果商鞅因心疼那五十两黄金，而拒付给扛木之人，那么后期他实行的新政也不会有人信以为真。同样的道理，在组织中，如果一个管理者轻易违背自己曾经的许诺，其结果可想而知。许下承诺时应慎重，一旦许下承诺就应该坚持兑现。人无信不立，业无信不兴，诚实守信是管理者不可缺少的重要品质。

三、奖励可多样

提起奖励，大部分人首先想到的是奖金，这确实是最直接也是运用最多的激励因素，但并不是唯一的激励因素。有挑战性的或有趣的工作、持续学习和发展个人知识和技能的机会、有展现才能的权限和自由、组织内清晰的升职路径、个人意见能对组织产生影响等，都是不可忽视的激励因素，通过组合运用这些因素，采取多样化的奖励政策，才能最大限度地调动员工的积极性。

案例 3-3

顺丰"千里马"人才培养机制

顺丰年轻人很多，员工平均年龄不到 30 岁，其中大部分都是 90 后，在人员平均流动率高达 70% 的快递行业，顺丰的人员流失率却可以保持低于 30% 的水平。顺丰是如何让这些年轻的一线员工在重复枯燥的工作中找到乐趣、肯定自己的价值、对企业产生认同的呢？关键点在于清晰规划每个员工的发展通道。基于员工的意愿和性格特点，顺丰为员工建立了清晰的职业发展通道，包括专业发展和管理发展路线。同时，在薪酬制度、激励制度、"招培管评"、职业生涯等方面都为员工做了长远的考虑。顺丰有个"千里马"人才培养机制，坚持内部培养人才，员工经过内部选拔、培养、考核，能够从最底层的收派员一步步晋升为 VP。通过这种管理方法，员工们可以有明确的预期，知道自己在什么时间，通过怎样的努力，能取得什么样的成果。员工心里既踏实，又充满动力。

同时顺丰给予每个员工充足而多样的福利保障。明确了员工的前行方向，也要解决他们的后顾之忧。顺丰从员工的基本生活需求出发，增加"医食住教"等关怀措施，让人文关怀落到了实处。最明显的例子是，顺丰员工凭借工牌就能享受到很多实实在在的优惠。为了解决员工就医难的问题，各地顺丰与当地医院合作为员工的体检或重病救助等建立快速通道。在个别城市，顺丰员工的家属都能享受到连带福利。快递员一度被认为是高薪职业，但是新入职的员工薪水相对不高，一般无力应对高昂的住房成本。顺丰积极与当地政府沟通，为员工谋得更多住房政策支持，让员工通过廉租房等手段在城市中能有较好的安身之地。在北京，顺丰就与"自如友家"达成合作，凡是顺丰员工凭工牌就能享受到租房费用上的折扣。顺丰的管理得到了员工的认可。想留住员工的心，必须要让其在公司看到自己的前途，学到自己想学到的东西，得到自己应得的报酬。

（资料来源：顺丰官网）

激励就是利用某种外部诱因调动人的积极性和创造性，而这个外部诱因就是我们需要去了解的重要环节。顺丰就是抓住了这点，通过多种多样的激励手段成功地激发员工的行为，推动员工的行动，调动员工的积极性，让员工自觉自愿地、努力地工作，并创造好的绩效。当然，激励的核心原则就是要切实满足员工的真实需求。

四、功劳归下属

目光短浅的管理者，常会急功近利，为了表现自己而跟下属争抢功劳，在获得荣誉时只字不提员工的付出，而在出现过失时就将责任推卸给下属。殊不知团队的成功才是管理者最大的功劳和荣誉。

案例 3-4

看似"民主"的自私管理者

刘磊由于工作表现十分突出，被某公司提拔为物流组组长，刚刚上任的他是个很民主的管理者，经常能够听取下属的意见："这看法不错，你将它写下来，这星期内提交给我。"

下属们听了这话都很高兴，庆幸自己遇到了一位"民主"的上司，于是都踊跃地做各种规划，争着提供意见。当然，其中的大部分意见和想法，也都被刘磊所采用了。

刘磊每次收集完这些意见，转头就把它们汇报给上级，令人气愤的是，刘磊在汇报时只字不提员工的名字，每次都说这是自己的想法。不仅如此，每次业绩考核时，物流组的功劳都归组长一人。一年后，刘磊完全被下属疏远和孤立了，再也没有人愿意提想法，也没人愿意为他效劳了。

（资料来源：笔者根据相关资料整理）

案例中的刘磊看似"民主"，实则自私自利，为了贪图上级的赞赏，把下属的功劳都独揽在自己身上，一次两次还能隐瞒过去，长此以往还是会暴露。争抢下属的功劳并不是成功的捷径，这种投机取巧的做法终将害人害己。想成为一名受人尊敬的管理者，要放大自己的格局，多为员工创造机会，并及时在他人面前肯定和赞美员工的付出，把功劳留给员工。这样一来，既可以彰显自己的优秀品质，也能通过员工和团队的成功来实现自己的价值。

2

第二篇

沟通系统，细节感人

除了带领团队完成工作，管理者也承担着其他的重要职责，最常见的就是人事工作和公关工作，涉及员工提拔、员工薪酬、员工绩效、员工离职和危机管理等方面。这五个场景与员工自身、与团队、与组织息息相关，是每位管理者都会遇到的沟通话题。

每个场景从前到后都是一个完整的沟通系统，有始有终处理好每一个沟通环节，才能构建起一个有效的沟通闭环系统。而这个沟通系统又是由无数个小细节组合而成的——听、说、读、写、做，每个细节都须谨慎对待。细节的处理在沟通中可以起到画龙点睛的作用。

沟通系统，细节感人，让沟通变得有规律可循、有技巧可用。

场景04：员工提拔，如何沟通

> 我在所有组织中见过的人力资源方面的最大浪费，便是提拔不成功。
>
> ——彼得·德鲁克

作为一名管理者，提拔员工是带领团队的一项核心任务，也是管理团队的一个重要手段。管理者在提拔员工时一般会面临四个情景：对后备员工的平时考察；员工提出晋升要求时的反馈；正式提拔员工的过程；提拔员工之后的跟进工作。无论哪个情景，都离不开沟通。从这个层面上看，提拔员工也是一个沟通系统，提拔成功的关键就在于管理者是否掌握了沟通的巧技能。在提拔员工时，管理者应该做好以下几方面的功课。

一、考察后备，沟通记录在平时

管理者在提拔员工时的依据是什么？是员工提交上来的自我陈述和华丽的报表吗？答案明显不是！许多组织在考察员工的晋升材料时，一般会设置两个环节，先是匿名评审，后是实名评审。匿名是为了公平起见，那么为什么要实名呢？因为再华丽的材料都比不上对员工日常工作生活的考察。当公布某个后备人才的名字时，管理者的脑海中自然就要浮现出这个员工的日常表现，这就需要管理者在平时就做好沟通、记录工作。

案例 4-1

伯乐为何能成为伯乐

晚清名臣曾国藩，独具慧眼，有知人之名，行走三千步就能看透一个人，提拔了左宗棠、李鸿章、刘铭传等一大批名臣，堪称一代伯乐。曾国藩的相人之术，百不失一，究竟是如何做到的呢？曾国藩有一个鉴人日记，每遇到人，就将其特征与判断记录下来。例如，他在日记中写道：喻科癸，平江亲兵百长，年二十四，满面堆笑，可爱，矮而精明……智慧源于积累，记上一段时间的日记，自然就练就一双识人的慧眼。

美军"第一伯乐"——马歇尔，美军五星上将。在第二次世界大战期间，马歇尔提拔了包括艾森豪威尔、巴顿、尼米兹在内的多个名将。对于马歇尔提名使用的将领，罗斯福基本都会委以重任。为什么呢？马歇尔在担任军校教官的时候，建立了学员档案，将有才华的青年军官记录在案。后来这个档案发挥了重要作用，众多青年军官受到马歇尔的重用。马歇尔对提拔的将领往往都会有评语，他对巴顿的评语很准确："巴顿能够带领部队赴汤蹈火，但要对其进行纪律约束，装甲部队交给他是最正确的选择。"

（资料来源：笔者根据相关资料整理）

曾国藩、马歇尔等人为何能成为伯乐？在独具慧眼的背后，其实是因为一个简单的习惯——与下属的日常沟通和记录。要成为一个知人善任的管理者，不妨准备好一个笔记本，通过与员工的日常沟通与观察，把考察到的信息记录下来。考察的关键就在于细节，而细节又表现在四个方面：对事、对人、对时间和对自己。

（一）对事：是否踏实可靠

考察员工在完成本职工作和处理领导交办的事情时是否能认真负责、细心踏实；考察员工对待工作之外的事情是否也能尽心尽力；考察员工平时做事是否会掉链子，关键时候是否能顶得住。既要考察员工在面临大事时的整体表现，也要留意员工对待小事的细节表现。通过员工处理事情的表现来考察员工的综合能力。

（二）对人：是否真诚友善

除了考察员工在跟领导相处时的表现，更重要的是考察员工在与同事、下属、客户以及家人和朋友相处时的态度和言行，尤其是在团队中的言行举止。通过这些可以观察一个人的素质和人品。

（三）对时：是否规划清晰

要判断一个员工是否具备可栽培的潜质，也要看这个员工是如何管理时间的。首先，要看宏观的时间管理，考察该员工是否有清晰的目标和相对应的时间规划，并且能按照规划进行；其次，要看微观的时间管理，考察员工在完成工作时能否合理规划时间，能否在时间节点前高效完成任务；最后，要看员工的时间观念，考察员工是不是经常出现迟到、早退等现象。

（四）对己：是否自律自觉

要管理别人，首先要学会管理自己。管理者在考虑提拔下属为管理者的时候，要重点考察这个人是如何管理自己的。要考察该员工是否注重自己的形象，是否足够自律，是否能控制好自己的情绪，是否怀有学习的心态和积极的正能量。

考察要注意细节，要抓住关键人和关键事，同时也要系统地长期观察，不能只根据一次考察就片面地下定论。

二、员工咨询，耐心沟通抚情绪

员工主动找上司提需求，目的一般有两个：一个是要求加薪；另一个则是要求升职。"我在这里干了这么久都没法升职，为什么新人刚来没多久就升职了？"面对员工这样的提问，如果管理者采取狠狠批评、敷衍忽悠或者不予理睬的方式，其结果不仅仅会打击该员工的积极性，甚至会对整个团队造成恶劣的影响。那么管理者应该如何回应呢？

案例 4-2

巧妙回应员工的升职要求

小王到公司工作两年多了，比他后进公司的同事都陆续得到了升职的机会，他却原地踏步，心里很不是滋味。小王心想：他们运气都这么好，也许关系比较硬吧，又或许是老板看自己不顺眼。

有一天，小王冒着被解聘的风险，找到老板"理论"："老板，我是否有过迟到、早退或乱章违纪的情况？"老板干脆地回答："没有啊，你一向很遵守规矩。"

小王："那是公司领导对我有看法吗？"

老板先是一怔，然后说："当然没有，我们都觉得你是个好员工。"

小王："为什么比我进公司晚、比我资历浅的人都可以得到重用和升职，我却一直在一个微不足道的岗位上工作了两年多，没有升职也没有加薪？"

老板一时不知道说啥好，愣住了，不一会儿笑笑说："你的事咱们等会儿再说，我这里有个急事儿，要不你临时先帮我处理一下？"

原来，一家客户准备到公司来考察产品和实力状况，老板叫小王联系他们，问问啥时候过来。

"这真是个非常重要的任务。"出门前，小王不忘调侃一句。

20分钟后，小王回到老板办公室汇报工作。

老板马上问："联系好了吗？"

小王："联系到了，他们说可能下星期才能过来。"

老板又问："具体是下星期几？"

小王："这个我倒没有细问，不清楚。"

老板："他们一共多少人来啊？"

小王："啊？您没让我问这个啊！"

老板："那他们是坐火车来，还是坐飞机来？"

小王："这个您也没让我打听啊！"

老板不再说啥了，他打电话叫小李过来。小李比小王晚到公司近一年，但现在已经是一个部门的负责人了，老板交给他刚才相同的任务。大概10分钟后，小李回来了。

"哦，老板，是这样的……"小李开始汇报："他们是坐下星期三下午5点的飞机，大约晚上8点到，他们一行8个人，由采购招标部袁经理领队。我跟他们说了，我们会安排接机。另外，他们打算考察三天时间，到了以后双方再协商具体行程。为了方便工作，我建议把他们安排在附近的迎宾馆，既方便又有档次，如果您同意，明天我就提前预订房间。再有，下周天气预报有阵雨，我会随时跟他们联系，如果行程有变，我随时跟您汇报。"

小李出去后，老板拍了拍小王的肩膀说："现在我们来继续谈谈你的问题。"

小王不好意思地低下了头："呃，不用了，我已经明白了，谢谢老板，打搅您了。"

（资料来源：笔者根据相关资料整理）

案例中的老板在面对员工的发问时，并没有急着做解释，而是通过一个简单的对比让员工认识到了自己的差距，巧妙地回答了员工的升职问题。受该案例的启发，管理者在面临员工提出升职要求的时候，可以按照以下三个步骤耐心地与员工沟通。

（一）引起重视并安抚情绪

员工会主动找上门，肯定是"心里受委屈了"，无论该员工是否有资格得到提拔，管理者都应该引起重视，并把这份关怀传递给员工。首先，要耐心地倾听，以体现对员工的重视。其次，要肯定员工的贡献和优势，先安抚好员工的情绪，再进行下一步的交流。

巧技能术语

"你的需求我了解，你可以说说具体想法，我们深入聊聊。"

（二）耐心讲解组织的流程和标准

在员工的情绪稳定之后，管理者需要耐心地把组织的晋升流程和晋升标准告知员工。同时，要再次传达自己对员工的重视和关心。

巧技能术语

"公司有明确的晋升规定，希望你能理解。当然，作为你的领导，我也会尽力帮你争取，但暂时无法给你保证。无论结果如何，希望你更加努力，争取达到甚至超越晋升的标准。"

（三）客观指出不足并提供建议

员工主动找上门来提升职的要求，对于管理者而言这也是一个让员工深刻认识自己不足的契机。在肯定员工的贡献之后，也要客观地指出员工的不足，并与员工一起制订详细的改进计划。

三、提拔过程，交叉验证系统化

提拔员工不能一时脑热，需要经过交叉验证和慎重考虑。有些管理者在提拔员工时只根据自己的片面判断来做选择，这样的管理者往往会提拔这几类人：身边人、家里人、心上人、自己人、知情人、有钱人、投机人。而提拔这几类人是最容易引起其他员工不满的，对于团队的建设是极其不利的。那么究竟应该提拔哪些人呢？我们不妨从下面三个标准入手，对员工的能力和表现进行交叉验证，并逐步实现提拔流程的系统化。

（一）三个标准

在管理者的潜意识里，一般不会提拔这四类人：不了解的人；不信任的人；控制不了的人；没有能力的人。当然，这只是管理者的初步判断，具体提拔过程还需要考察下面三个标准。

1. 突出且真实的业绩

士兵要想当将军，首先得能打，一上战场就发抖、根本就不敢往前冲的士兵，绝对是当不成将军的。真正的将军，一定是在战场上拼出来的。同理，职场上真正的强者，一定是从一线成长起来的。所以，提拔的一个重要标准就是要业绩突出，而且是真实的业绩，不能是投机取巧的业绩。

2. 较强的综合素质能力

晋升不是用来奖励员工业绩的唯一方式，员工业绩也不是晋升的唯一标准。业绩好不一定代表能力强，因为业绩是外在的，而能力才是员工真正内在的资本。一个人的能力包括方方面面，但从晋升的角度来看，主要考察三个方面的能力：一是工作能力，即员工是否能保质保量地高效完成任务；二是与人相处的能力，如沟通能力、表达能力、组织能力等，主要考察员工在对待领导、同事和客户时的表现；三是领导能力，工作能力强并不代表领导能力强，在考虑把一个员工提拔为管理者的时候，需要重点考察该员工的领导能力。因为被提升当领导的这个人一旦失败，他们往往会离开组织。这样一来，组织就要付出双倍代价：团队失去了新主管，组织也失去了最佳员工。

在考察员工个人能力时，最重要而且最容易被忽略的一点是能力和岗位的匹配程度。也许员工的某项能力特别出众，但对于即将提拔的岗位而言，并不需要这项能力，这不但会埋没了员工的才能，而且会造成员工无法胜任岗位的结局。因此，管理者在考察员工的能力时，要注意结合岗位的性质和要求。

3. 经得起检验的品德

有才无德是害才。一个品德败坏的员工，其能力越强，对团队和组织的危害就越大。品德是提拔员工的一个核心标准，因为它会直接影响整个团队的建设，也会在无形之中形成一种导向，慢慢影响组织的文化。所以，在考虑提拔人才时，一定要注重对员工品德的考察，而且要注意甄别，不能被员工一两次的"表面功夫"遮蔽了双眼。一个人的真正品德，是需要通过时间和日常细节来检验的。

（二）全面交叉验证

为了全面考察被提拔的人选，管理者可以结合平时的考察记录、被提拔人选晋升答辩时的表现及其他人的评价（同事、客户、其他部门的员工）等多方面因素进行交叉验证和客观评价。

（三）规范提拔流程

华为等企业在提拔员工方面实行的是积分制，对员工的业绩、能力等进行积分计算。当员工的积分达到一定标准时，他就可以获得晋升的机会，随即需要参加相应的提拔流程。这种规范化的提拔流程，好处就在于公开、透明且相对公平，不仅能帮助员工认识自己的差距，也避免了许多沟通上的问题。

四、提拔之后，扶人上马送一程

员工被提拔之后，意味着该员工将以新的身份步入新的舞台，随之而来的是更多新的挑战。有些员工在被提拔之后，由于不适应新的身份和新的工作，自信心受挫，工作表现不尽人意；有些员工在被提拔之后过于膨胀，影响了团队风气；有些员工在被提拔之后，遭到其他下属的妒忌和疏远，在团队中渐行渐远，最终只能选择离职。提拔员工本是出于想栽培员工的好意，但如果忽略了提拔之后的指导工作，很有可能出现负面效果。身为管理者，为了确保员工被提拔之后能够顺利适应岗位，不妨"扶人上马送一程"。

（一）教导员工保持低调谦虚

稻盛和夫曾经说过："对于刚晋升的人才，第一点就是应该教其懂得谦虚，而且要不断努力才行。"员工得到提拔之后，可能会因此而膨胀，尤其是年轻员工，可能会出现傲慢无礼的言行。管理者在提拔员工后，第一件事就是要告诫员工应该时刻保持低调、谦虚的姿态。

（二）帮助员工树立权威，提升人际技能

一些员工得到提拔之后（尤其是年轻的员工），难免会有另外一些员工感到不满，在工作上可能会刻意为难新提拔的员工。这就需要管理者在提拔员工之后，帮助被提拔员工在团队中树立权威，表达自己对该员工的重视和信任，并介绍该员工的突出能力；同时，帮助该员工提升人际技能，拓展人脉关系。

（三）协助熟悉新工作，制订新计划

员工被提拔到新的岗位之后，难免会不适应新的工作。管理者需要耐心地协助员工熟悉新工作、新业务，和员工一起讨论制订新的工作计划，让员工尽快适应新的身份和角色。

（四）提升岗位胜任力和领导力

员工被提拔之后，工作内容和工作形式会发生变化，短期之内可能无法迅速胜任新岗位，如果管理者能够言传身教，将会在很大程度上帮助该员工提高岗位胜任力。除此之外，员工被提拔到一定的职级后，多多少少需要担负一些管理团队的职责。当发现被提拔的员工具备可栽培的潜力之后，一定要趁早培养他的领导力。因为工作能力不等于领导力，当员工被提拔为管理者时，如果领导力欠佳，对该员工和整个团队来说都是不利的。所以，提拔员工也需要有意识地去培养他的领导力。

场景 05：员工薪酬，如何沟通

> 管理的第一目标是使较高工资与较低的劳动成本结合起来。
>
> ——泰罗

薪酬，一直是职场中的一个敏感话题，也是造成人才流失的一个主要因素。无论是负责招聘的人力资源顾问还是组织的管理者，都会遇到与员工沟通薪酬的情景，一不小心说错话就有可能导致人才的流失。花同样的钱，说不同的话，能给员工带来不一样的感受。这就需要负责招聘的人力资源顾问和管理者们掌握沟通薪酬的技巧。

一、面试的时候，如何与新人"谈薪"

行百里者半九十，最艰难的战役往往在最后一个环节。招聘面试亦是如此，当候选人通过层层考核即将尘埃落定的时候，常常由于面试谈薪的失败而使组织错失了人才。

案例 5-1

谈薪失败，该走的人是自己

猎头老王为 A 公司推荐了一位房地产公司研发总监小李。A 公司董事长都面试过了，非常满意。在面试结束后，A 公司董事长让小李赶快办理离职，到他们公司入职。A 公司的人力资源负责人小张也在场，说尽快做背景调查，没有问题的话，就马上发录用通知。

几天后，第三方背景调查的报告出来了，没有问题，建议录用。但是 A 公司的人力资源负责人小张却迟迟不发录用通知，拖了快 20 天。小张认为小李薪酬太高，多次试图降低薪酬。小李听后，认为 A 公司很乱，决定放弃该公司的职位。

一个月后，A 公司董事长不见小李入职，就安排秘书给猎头老王打电话，询问小李放弃 A 公司的真实原因。老王只好把事情的过程向 A 公司董事长的秘书讲了讲。

这位秘书第二天就约老王去 A 公司，说董事长要见老王。A 公司董事长见到老王后说，已经和老王推荐的研发总监小李见过面了，还是希望小李能入职；同时，让老王向小李传达他的意思，并再次沟通一下。之后，董事长请老王帮助 A 公司招聘人力资源负责人。

老王听到 A 公司董事长让他帮助招聘一位人力资源负责人时，一点也不吃惊，他内心认为，这样的人力资源负责人不换掉，公司根本就不会有好的人才进入，还谈什么发展！

（资料来源：笔者根据相关资料整理）

案例中的人力资源负责人小张自以为在为组织省钱，却差点导致组织损失了一位人才，最终面临自己被开除的局面。薪酬谈判是招聘的"临门一脚"，要做好谈薪工作就要学会"谈心"，准确捕捉对方的心理，用真诚的态度与对方进行沟通。

（一）知己知彼了解薪酬信息

知己就是了解自己组织的薪酬政策和结构，知彼就是了解应聘者的真实薪酬待遇，以及本行业、本岗位的市场薪酬水平。组织在调查了解全面信息的基础上，就掌握了谈薪的主动权，这样来与应聘者谈判，可以降低应聘者的心理预期，使应聘者主动降低要求。

在了解对方的薪酬信息时，可以询问对方现在的薪酬水平，而不要直接问对方的期望薪酬，因为这相当于给了应聘者开价的权利，尤其是当应聘者说出较高的待遇而组织又没办法满足时，容易产生负面影响。

（二）选择合适的时候谈薪酬

避免一见面就谈薪酬。过早谈论薪酬很有可能会破坏面谈的氛围，只有当对应聘者有了足够的认识，才能根据对方的情况做下一步的判断。如果应聘者具备很好的条件，那么组织在薪酬上可以大方些；相反，如果应聘者只是条件相当的可能人选之一，组织则可以把薪酬压低一些，延后谈论薪酬的时间，以获得充足的信息及选优的机会。

（三）薪酬是一个体系而非一个数字

一个职位的薪酬并不只是体现在月薪或年薪上，还包括其他许多福利待遇。在面试时，如果仅告知对方一个简单的数字，这会引导应聘者把注意力集中到数字上，很有可能会直接引起对方的抵触心理，影响整个谈判的走向。人才职业转换的影响因素是多方面的，包括组织品牌、工作平台、薪酬福利、工作环境等，招聘人员要提炼出组织尽量多的卖点，逐步展现给应聘者，增强其对组织的信心，提升整体的吸引力。这种吸引点越多，在薪酬谈判天平上的筹码就越多。例如，组织的规模与品牌、股权和期权、弹性的工作时间、休假、培训机会、管理体系、工作挑战性、工作权限、工作环境、福利保障等——人才选择一个组织是综合评分的结果，以上这些项目都是可能的得分点。

在介绍薪酬范围时，建议只公布薪酬的下限和中间值，一方面可以替组织筛选掉对薪酬期望过高的应聘者；另一方面又保留了谈判空间，遇到经验丰富或条件极佳的应聘者，还有可以上调的弹性空间。

（四）抓住对方的需求

不同的人看重的条件不同，有人在乎薪酬，也有人在乎稳定性、锻炼机会、工作权限、团队氛围、加班情况等。面试的时候，可以主动询问应聘者对于上一份工作最不满意的地方是什么，从应聘者的表达中去抓取其最关心的地方进行重点说服。此外，应聘者主动提问的问题也有可能是应聘者较为关心的因素，抓住这些需求点进行解释说明，以提高吸引力。

（五）调适应聘者的期望

招聘过程中经常会出现这样的情况：前期面试一切顺利，对应聘者的各项条件都很满意，但应聘者提出的薪酬期望过高，组织难以满足，一方面担心"煮熟的鸭子飞了"，另一方面又担心被个人打破组织内部的薪酬平衡。这就需要人力资源经理或管理者利用巧技能调适应聘者的期望，如巧技能 5-1 所示。

巧技能 5-1

调适应聘者期望的巧技能

了解充足的信息	90%的应聘者在说出自己上一份工作的薪酬时都会有夸大的成分，所以一方面要敢于质疑薪酬信息的真实性，提前告知应聘者会做一定的薪酬调查或要求对方提供收入证明，给对方一种心理预警；另一方面，要提前做好搜集信息的工作
拆分原薪酬结构	当应聘者提出高薪时，可能包括固定薪酬和浮动薪酬，而固定部分是应聘者支持日常生活所需的部分，从理论上讲这是应聘者能够接受的底线
弱化应聘者的重要性	可以向应聘者强调，有很多人正在竞聘该职位，组织也在权衡比较，或者通过对比让应聘者认识到距离岗位要求的差距，这样就能够有效压低应聘者内心的薪酬期望
放慢薪酬谈判的节奏	应聘者一开始会处于强烈要求较高薪酬的阶段，这时不妨设定一个冷却期，最好有 1~2 天的时间。让对方知道组织的薪酬调整是需要内部审批的，制造一种"艰辛得来"之感，让对方自动降低薪酬期望。当然，这种冷却期不能太长，否则极易错失人才

二、员工要求涨薪，如何与员工沟通

"老板，我想涨薪。"相信大多数管理者听到这句话时心里都会"咯噔"一下，紧接着会陷入纠结的困境中——如果不给员工涨薪，就会打击员工的积极性，甚至有可能导致员工离职；如果答应给员工涨薪，又会增加人力成本，甚至有可能会打破内部平衡；即使答应涨薪了，也有可能起到负面效果，挫伤员工的积极性。

案例 5-2

别让跳槽成为员工涨薪的渠道

老张是一家公司的老员工，可以说尽职尽责，对公司一片忠心。如果不是遇到这件事儿，老张都想把自己贡献给公司。

老张在公司里面做了 3 年，工资从 4000 元涨到了 5000 元，但是因为生活压力，孩子又要读书，这点钱明显不够了，而且现在刚毕业大学生的工资都是 5000 元起了，想想自己也不值这个价，于是老张跟老板谈起了"涨薪"这件事。

老板说："市场大环境不好，你是知道的；公司现在业务不好做，你是知道的；你的业绩还没有上 A，你是知道的。好好干，绩效达标了年底肯定给你涨。你是公司老骨干了，相信我，我不会亏待你……"

老张对公司很失望，晚上就把简历修改好投出去了。新公司给老张开了1万元的月薪。于是老张提交了辞职申请，跳槽了！

换作是普通员工，这事儿没什么，但是老张是骨干啊，大家一听到老张是因为被拒绝加薪而跳槽的，并且新公司开出了1万元的月薪，于是陆陆续续做打算，表面上是在工作，实际上一直在物色好的公司，一旦有机会，立马跳槽。这个月公司就陆陆续续走了好几个骨干。

（资料来源：笔者根据相关资料整理）

上述案例中涨薪沟通失败就像一场"瘟疫"，产生的影响不仅仅是一个员工的去留，更牵扯到整个组织员工的稳定性。面对员工提出涨薪的要求，到底要不要涨？如何反馈？怎么涨？成功的关键还是在于沟通。

（一）要不要涨

在回答这个问题之前，首先要纠正管理者的一些错误观念。许多管理者不愿意给员工涨薪无外乎这四种心理：（1）不管是谁走了，组织还是一样运营，不会因为一个人的离开而倒闭；（2）员工要求涨薪，我要是给涨了，其他的员工还不是全要求涨；（3）员工不说，我就不提，即使员工说了就敷衍一下，如果非闹到离职的地步还可以再谈一下；（4）不好好干活就知道要求涨薪，身为管理者要控制人力成本。

舍不得孩子，套不到狼。留住员工的方式有很多种，但抛开薪酬谈关怀、谈未来，无异于对员工"耍流氓"。身为管理者，在对待薪酬的问题上，首先要"舍得给"，其次是要"给得合理"。不能盲目地给员工涨薪，因为这样会导致员工周期性要求涨薪。

那么什么情况下应该给员工涨薪？在做决定时应该考虑以下因素：

（1）了解组织的组织文化和价值观，判断组织对员工主动要求涨薪的行为的包容度有多大。

（2）了解组织的薪酬制度。

（3）了解员工的需求，明确员工提出涨薪要求的原因。

（4）了解员工对组织的贡献和价值。

（5）了解行业和组织内部的薪酬水平。

（6）了解答应涨薪或不答应涨薪可能导致的多种结果。

被动涨薪不是为了讨好员工，而是对"被忽视的工作表现"进行奖励和激励。只有涨薪起到这个作用，才算一次好的涨薪。

（二）如何反馈

当员工提出涨薪要求时，管理者一定要慎重对待，不能草率地立马答应或拒绝，应该找个时间与员工耐心讨论这件事，让对方感觉到领导是非常重视这件事的。在回复员工时，要根据不同情况采用不同的回复方式。

如果同意给员工涨薪，可以这么说：

巧技能术语

"谢谢你主动提醒了我（尽量用"谢谢"代替"对不起"），你为公司创造的价值已经超过了你现在的收入，我会尽快向领导和人力资源部反映这件事，后续可能会有一些流程需要你配合完成，相信公司会答应你的涨薪要求，希望你能再接再厉，不要辜负公司和我对你的期望。还有，你也知道我们公司的薪酬保密制度，希望你对这件事一定予以保密。"

如果不同意给员工涨薪，可以这么说：

巧技能术语

"公司了解了你的需求，你确实为公司付出了很多（此处可以举例说明），但你也清楚公司有明确的薪酬制度，不能随便涨薪。作为你的领导，我会慎重考虑你的需求，并尽力帮你去争取。不过，现阶段你的表现与公司对你的要求相比还有些差距，我们针对你的涨薪期望一起来制订个计划吧！希望你能在如下几个方面不断提升自己（列举对员工成长的期待）……"

（三）怎么涨

涨薪不是简单地给员工加钱，它牵涉到整个组织的利益分配，这是每个组织都面临的问题。从上面几位知名管理者的观点中，我们可以看到几个关键词：普通员工、物价、业绩。由此启发，管理者在考虑员工的涨薪问题上，应该遵循以下几点原则。

（1）参照行业水平和物价水平。行业水平和物价水平是涨薪幅度的重要依据，尤其是大规模涨薪时，更具有参照价值。建议在涨薪之前要做好薪酬调查工作，以此确定涨薪幅度。

（2）平均主义和差别对待。在行业水平和物价上涨的情况下，可以采用平均主义的方法，整体提高薪酬水平（如格力给每位员工都涨薪 1000 元）。但涨薪不能每次都搞"一刀切"，这样会挫伤工作能力强和工作绩效较好的员工的工作积极性。

（3）涨薪要体系化。涨薪的方式有很多种，如固定涨薪法（年度涨薪、评优涨薪、晋升涨薪）、弹性涨薪法（绩效考核）、特别涨薪法（单项奖励、目标奖励）、增值加薪法等。不管采用什么方法，最重要的是做到体系化。许多组织采用积分等级制来评定涨薪，多少积分可以涨多少工资都有明确的规定，只要员工认真完成本职工作，并积极创造额外价值，自然就会有涨薪的机会，不仅可以调动员工的积极性，也解决了管理者的烦恼。

三、发放福利时，如何走心又创新

福利属于一种间接报酬，而且是报酬的重要组成部分，被视为体现企业"人性化"与"硬实力"的关键标志。福利的价值就在于它能起到工资和奖金不能替代的作用——情感联系，包括关怀和鼓励，帮助解决员工个人无力解决的问题等，增加员工的归属感、认同感和自豪感。

组织越来越重视福利的激励作用，而不是简单地将福利停留在生活保障的层次上。增加对员工福利方面的投入已经成为一种趋势，不仅如此，越来越多的组织开始追求既走心又创新的福利项目。

案例 5-3

若干企业的福利项目

（1）京东：随着互联网服务业的深入发展，春节期间坚守一线工作岗位的相关服务人员也越来越多。2017 年春节前，京东宣布将投入约 7500 万元，用于支持春节期间坚守岗位的员工，将子女接到身边过团圆年。据了解，这项专项福利自 2014 年春节开始实行，京东已为此累计投入 2 亿多元，共帮助超过 20000 个员工家庭春节团聚。不仅如此，刘强东还提到，要给 5 年以上员工，每人送一部 iPhone 7，而且还要提高员工住宿标准等。

（2）星巴克：2017 年，时任星巴克 CEO 的霍华德·舒尔茨宣布：自 2017 年 6 月 1 日起，所有在星巴克中国自营门店工作满两年且父母年龄低于 75 周岁的全职员工都将享受到一项全新的"父母关爱计划"——由公司全资提供的父母重疾保险。

（3）百度："青松计划"，这是一份商业保险计划，凡是在公司工作满两年及以上员工的父母双方，都可在全国范围内享受到住院医疗保障。做到了让百度员工的父母不限年龄、不限社保、不限健康状况全部参与，对自费类药品和治疗费也能高比例赔付，同时提供较高年保额、设置较低免赔额。不仅如此，百度食堂还供应每天的早餐与夜宵，而且免费吃。

（4）阿里巴巴：阿里巴巴出台了一项名为"康乃馨"的关爱父母计划，每个在职的阿里巴巴员工，除了自己每年有一次公费体检，还享有 2 名公费体检的名额用于父母体检，可以是本人父母或配偶父母。阿里巴巴的合作体检机构在全国 100 多个城市都有分支，员工可在全国范围内带父母体检。

每年 5 月 10 日的"阿里日"，阿里巴巴会为每位要结婚的阿里人举办集体婚礼，马云亲自做证婚人。

阿里巴巴还有一系列自创的"i"系列员工福利：

"iHome 计划"会给员工提供 30 万元无息贷款，用于购房首付。

在阿里巴巴服务期满两年且符合相应条件的大陆正式员工，如果购置工作地首套住房，便可以向公司申请无息住房贷款 30 万元。不止如此，阿里巴巴还新建了 380 套员工专享公寓，这些福利房内部价格只是市面价格的一半多一点。

"iBaby 子女教育关怀计划"，为员工的宝宝们健康快乐成长提供最好的环境。马云目前正在自办一所从幼儿园到高中的 15 年制私立国际化学校，解决员工子女就学问题。目前设有 5 个亿的"阿里巴巴教育基金"，帮助员工子女就学。并还有一次性物价和子女教育补贴。

"iHelp 蒲公英计划"若员工或家属得了重大疾病，在保险的基础上，阿里巴巴还将提供 5~10 万元的援助金。

"iHope 彩虹计划"则针对家庭特别困难的员工提供 3~5 万元的特困援助金。

（5）腾讯：为了让员工安心工作，马化腾亲自为员工挑选了一款价值 2000 元的根据人体工程学设计的桌椅。

可能腾讯是世界上除了公交运营集团以外最大的"公交"公司了。腾讯在深圳运营约 370 条班车线路，覆盖全市 1000 多个站点，早上 6 点到 9 点、晚上 18 点到 22 点持续运营，每天接送约 13000 万人次上下班，规模相当于一个一般城市的公交系统。

腾讯 2011 年 6 月正式启动"安居计划"，投入 10 亿元为首次购房的员工提供免息借款。工作满 3 年、符合相应条件的腾讯普通员工均可提出申请，最高可获得 50 万元免息借款。

还有每年 high 翻天的圣诞晚会，中奖率过半，还会请来当红明星助阵；员工每年还有 30 天的全薪病假，还有各种名目的商业保险，定期的免费洗牙、体检，考虑到员工久坐易生疾病，腾讯还有中医问诊、免费理疗、健身跑步、推拿针灸等。

腾讯内部还有羽毛球协会、足球协会、舞蹈协会、电影协会、摄影协会等各种兴趣协会，每周都会免费举行休闲运动、娱乐活动，还有各种交友联谊活动。

（6）特斯拉："火星人"特斯拉首席执行官埃隆·马斯克宣布，要在特斯拉和旗下 SpaceX 的办公室中建造过山车，借此吸引更多顶尖人才，方便员工走动。除了特斯拉，YouTube、谷歌都在打造"趣味"办公室。

（资料来源：笔者根据相关资料整理）

在员工福利方面，不少组织面临着一个困境：组织投入不少，但员工体验很差，甚至起到负面效果，还不如不发福利。给员工发福利，核心原则就是要增强员工的体验感，要让员工感受到组织的关怀，要让员工体会到幸福的感觉。要让员工有幸福感，花钱投入是基础，更重要的是要走心，并且要创新。走心指的是要以员工为中心，并给予员工自主选择的机会；创新指的是要保证福利项目的多样性和保鲜性。

（一）以员工为中心

不少管理者在考虑员工福利的问题上，经常犯一个错误——自己说了算，错把自己的兴趣当做大家的爱好。

现代职场中，80 后、90 后员工已经成为职场的生力军，尤其是 90 后员工，又是极具个性的一代。他们追求快乐，喜欢个性、弹性、贴心、有趣的福利。因此以往那种一刀切的福利已经不再适合他们，他们更需要点对点的"私人定制型"服务。

以员工为中心，就是要了解并满足员工的真实需求。如何了解员工的真实需求？最简单也最容易被忽略的两个环节——发放福利前的调研和发放福利后的反馈总结。在考虑福利项目时，不妨听听员工的心声，在控制成本的前提下，尽量满足员工的需求。在发放福利时，不妨附上一份调查问卷，让员工真实填写自己对此项福利的满意程度及建议，以争取下次做得更好。

以员工为中心，就是要发自内心地站在员工的角度考虑员工的需求。福利的投入不在于钱多，而在于细节，因为细节的关怀最能感动人心。免费餐饮、舒适的座椅、接送班车等一些细节的关怀，能给员工带来更多的优良体验。

以员工为中心，也要注意发放福利的时间和地点等细节。以节假日的福利为例，不少员工为了能多休息几天，可能会将休假日和节假日连在一起，所以会提前放假。如果只在节日当天才发放福利，很多员工就无法体会这份温暖，即使上班之后再领取，也已经失去了福利本身的意义。另外，针对在外地办公的员工，与其等员工回来之后再领取，不如多花几十元的快递费，将温暖送到员工家中。

（二）赋予员工自主选择权

细心的管理者在发放员工福利时会注意一个细节，那就是要给员工增加一个自主选择的机会。谁说端午节就只能送粽子，中秋节就只能送月饼？越来越多的组织在设计福利项目时会注重物品的搭配，除了粽子和月饼，还有电影票、大米、游乐场门票等多个选项可供选择，员工可以在可选范围内选择自己喜欢的项目。非常简单的一个环节，却能起到四两拨千斤的效果，让员工感受到来自组织和领导的尊重和关怀。

（三）多样性

要赋予员工自主选择的权利，前提条件是要有足够多的可选项目。一般来说，员工的福利项目包括但不仅限于以下11种。

（1）法定类：住房公积金、社会保险、带薪假期等。

（2）保险类：补充医疗保险、意外伤害保险、团体健康保险等。

（3）保障类：组织年金、退休计划等。

（4）健康类：年度体检、健康基金、心理咨询等。

（5）补助类：住房补助、交通补助、通信补助。

（6）实物类：购物卡、代金券、日用品等。

（7）发展类：员工培训进修、员工晋升机制、员工职业生涯规划等。

（8）战略类：职务津贴、员工持股、收益分享等。

（9）活动类：生日礼金、员工聚餐、旅游等。

（10）设施类：员工餐厅、阅览室、班车、健身房等。

（11）工时类：休假、年假、弹性工时等。

管理者要学会尊重差异，因为不同性别、不同年龄、不同岗位的人会有不一样的兴趣和需求，所以在设置员工福利时，要注意多种类型的搭配，即使同一类型也要设置多个项目可供员工选择，尽可能照顾到每一位员工。

（四）保鲜性

福利的保鲜性是指福利的种类不能一成不变。许多组织为了省事，每年都发同样的福利，如每年中秋节都发同样的月饼，甚至连口味都是一模一样的，没有任何新意。对于这种福利，员工也就不以为然了。"今年又是发月饼"和"非常好奇今年组织会给我们发什么礼物"是两种截然不同的感受，要给员工营造一种期待的感觉，就需要保持福利的保鲜性。

保鲜性的重点就是要根据外部环境的变化而变化，这里所指的外部环境包括时事热点、组织发展、员工需求等方面。在设置福利时要注重搭配组合，同时也要注意外在的包装，通过创新品种和包装，给员工创造一种全新的感觉。

总之，发放员工福利是一个艺术活儿，要做到既走心又创新，就要以员工为中心，赋予员工自主选择权，同时还要让福利项目具有多样性和保鲜性。除此之外，宣传工作也要落实到位。因为很多员工对组织福利的感知度、体验感和参与感较低，如组织提出的养老计划，如果不注重宣传，员工感受到的是"组织又变着法子扣我们的工资"，效果适得其反。组织有福利，也要通过宣讲会、邮件、微信、海报、视频等方式，提高员工的感知度。当然，最直接、最有效的方式就是管理者与员工的直接沟通。

场景 06：员工绩效，如何沟通

> 我们宣布讲究实绩、注重实效，却往往奖励了那些专会做表面文章、投机取巧的人。
>
> ——米契尔·拉伯福

在组织实施绩效管理体系时，普遍存在的现象是，绩效管理并没有成为各级管理人员的主要业绩管理工具，而是变成了战略发展部或人力资源部的专业人员管理工具。许多组织单纯为了绩效考核而推行绩效管理，而绩效考核又沦为填表游戏，冷冰冰的表格让绩效考核又成了扣分罚钱的工具；考核指标层出不穷，标准难确定，目标难量化，重视结果算账，轻视过程管理，反馈面谈走形式，沟通交流走过场，正是这一系列问题让绩效管理深陷魔咒困境。

究竟如何管理绩效？真正成功的"绩效"不是"管理"出来的，而是"沟通"出来的。绩效沟通是一个复杂的过程，包含绩效目标、绩效执行、绩效结果和绩效反馈四个环节，而这四个环节又正好对应PDCA原则的四个部分——计划、执行、检查和调整，形成了一个闭环系统，如图6-1所示。

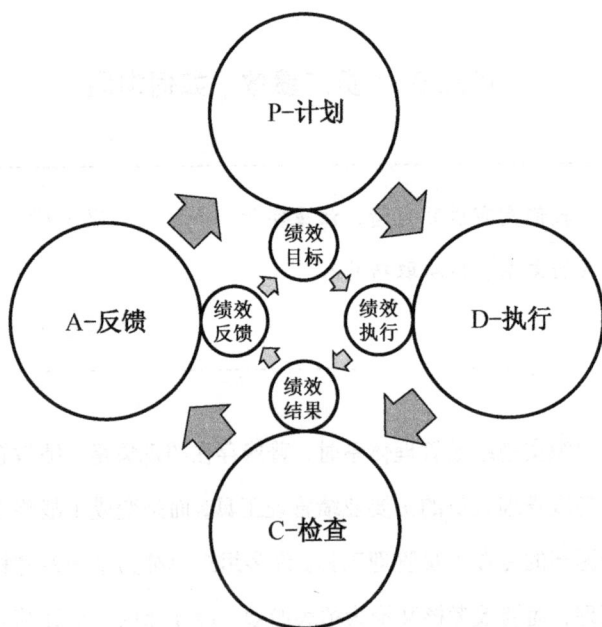

图 6-1　绩效沟通过程与 PDCA 原则

一、绩效目标，如何分解与激励

绩效目标包括三个层面：一是组织战略目标；二是部门或团队目标；三是员工个人目标。不积小流无以成江河，无论多么宏伟的战略目标，都需要细化分解到每个员工身上，并激励员工努力实现目标。管理者在这个过程中扮演了不可替代的角色。

管理者在分解绩效目标过程时经常会出现以下情况：一是主要以战略发展部或人力资源部主导，上下级管理者之间存在明显的指标值博弈现象；二是部门之间的指标协同性较低，存在重合、缺失或不一致的现象；三是员工面对绩效指标的设定比较被动，而且难以达成共识，对绩效评估结果的公正性表示质疑；四是员工层面的绩效指标设定与分解费时费力，组织花费了大量的精力在员工个人的绩效管理上，但是整体效率较低，结果不如人意。

案例 6-1

能力越大责任越大

刚进公司的时候，和每个初生牛犊不怕虎的毛头小子一样，老张把自己的全部时间都贡献给了公司，为了工作连续通宵好几天不睡都是常有的事。终于，在年底的时候，他被评为了企业的年度之星。

然而，还没有来得及好好消化这份喜悦，老张就被告知，他明年的绩效目标要在今年的业绩基础上再往上调40%。得到这个消息的老张立马就向领导表示了自己的困惑：我是一个刚进公司一年的小员工，怎么要求比前辈们的还要高？结果领导一句"能力越大责任越大"就把他给打发了。没办法，老张只好继续在他的一亩三分地上辛勤耕耘。然而，每次业绩目标刚刚勉强完成，新一轮的业绩目标又接踵而至了……

永远都在上调的业绩目标让老张感到喘不过气，他甚至怀疑公司不停上涨的绩效要求，就是为了让他完不成，为了让他挣不了那么多钱。于是，他最终还是做出了辞职的决定，换了一个彻彻底底的解脱，心情也舒畅了许多。

（资料来源：笔者根据相关资料整理）

上述案例是棘轮效应的一个经典现象，指的是标准随着实际业绩的上涨而提高的不可逆现象，简单来说就是"上去了就下不来了"。这就像每次考试都考 90 分的同学，有一次偶然考了 89 分，他将会得到来自父母和老师的一顿痛批；而每次考试都是 50 多分的同学，只要把握好上升的空间，每次多考个一两分，父母和老师就会欢天喜地。为了让公司不在下一年给自己制定一个较高的目标，员工也开始学聪明了，他们会选择掩盖自己本该成交的订单留到明年，或者选择降低上司的期望，长此以往，劣币驱逐良币的现象终究会出现。

那么，应该如何将绩效目标分解到员工个人身上呢？关键还是在于沟通，而沟通的核心内容就是回答以下三个问题。

（一）设置了哪些绩效目标

没有目标就会迷失方向，管理者首先要告诉员工一个清晰的目标，而这个目标一般来自三个方面：（1）组织目标和部门目标的分解。绩效目标是层层分解的，首先将组织当年度的目标分解到部门，再将部门的目标分解到各个岗位，并确保各个岗位的工作目标与部门和组织的目标保持一致，这样当每个岗位都完成目标后，组织的目标即可实现。（2）岗位职责。每个岗位都有自己的职责，这个职责是必须要保证完成的，同时还要兼顾到阶段性的重点工作。（3）绩效短板。即经过上一个绩效周期后，发现员工需要改进的绩效项目，可以作为下一考核周期的考评指标。

把绩效目标分解到员工身上时，应该考虑以下几个维度。（1）财务类指标，如销售额、利润、成本费用等。但注意不是所有岗位都要有财务类指标，如行政人员，就可以不设置财务类指标。（2）客户类指标，主要是从客户开拓和体验提升方面考虑的指标。如销售部门可以考虑客户数量和客户品质等；职能部门可以考虑内部客户的体验提升指标等。（3）内部流程类指标，主要从组织营运创新和效率提升方面考虑，有利于提高组织的市场竞争力，如创新技术的应用、流程的改进、效能的提升等。（4）学习与成长类指标，要将员工的培养与绩效管理紧密结合起来。

把绩效目标分解到员工身上时，最重要的是，绩效目标一定是双方沟通后确认的目标。在分解与建立目标时，上级主管一定要与下属进行充分的沟通，使下属认同个人绩效目标。如果缺少双方沟通交流确认绩效目标的环节，绩效考核也就失去了最初的意义。业绩类目标有一定的特殊性，目标下达时也需要双方相互沟通，但是沟通的内容不应当再是目标值的大小（销售类目标是硬性下达的），而是达成目标的方式方法。为了让员工能够参与到目标设定与分解的活动中来，可以采取"一对一交流"或"指标分解大会"的形式，帮助管理者和员工充分理解绩效目标。

在设置具体的目标时，有两个方面值得重视：一方面，协商讨论不是讨价还价，不是"我报一个数，你再砍一点"，而应该有理有据，遵从实际情况，这就考验管理者的控场能力和协商能力；另一方面，目标不是一次比一次高就好，管理者应该清楚团队和个人能力的极限在哪里，从实际出发。

在分解绩效目标时，可以遵循 SMART 原则，具体如巧技能 6-1 所示。

◆◆ **巧技能 6-1**

绩效分解的 SMART 原则

S （Specific 具体的）	比如，"做好员工招聘工作"就不是一个具体的目标。"新增 2 个招聘渠道，出现 1 个招聘需求后 2 周内提供 5 份以上符合要求的简历，3 个月内新人到岗"才是一个具体的目标
M （Measurabl 可衡量的）	目标最好可衡量，例子同上。在实操中不一定把可衡量等同于量化指标，也没有必要为量化而量化
A （Attainable 可达成的）	设置的目标应该是"跳一跳能够得着的"，也就是经过努力可以达成。如果目标设置得太高，就会导致员工无论如何努力都无法达成，员工反而会消极对待
R （Relevent 相关的）	员工的个人目标要与组织目标和部门目标相关，与岗位职责相关，不要设置与组织目标、部门目标和岗位职责无关的目标
T （Time-bound 有时限的）	所有的目标要加一个完成的时限，在明确的日期前或时限内完成目标

（二）为什么设置这些目标

在告诉员工具体的目标之后，接下来的工作就是要给员工一个或多个理由，让员工为了实现这个目标而努力付出。为了对员工的行为形成有效的指引，管理者需要考虑如何将目标与激励挂钩。

期望理论认为，动机 M ＝期望值 E × 效价 V，其原理如图 6-2 所示。

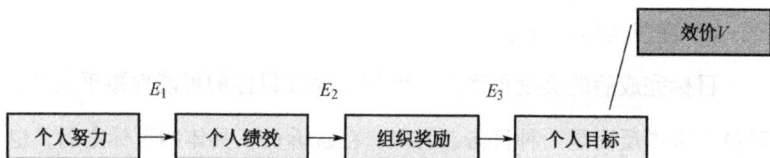

图 6-2　期望理论的原理

在激励员工时，可以围绕期望理论解答员工的四个疑问。

1. 个人需求、个人绩效目标与组织目标的关系

"我的个人绩效目标完成后对组织目标有什么帮助""组织目标实现后对我个人需求的实现有什么帮助"，耐心解答员工的这些疑问，将员工的个人需求、个人绩效目标与组织目标紧密联系在一起，让员工意识到这项工作的重要意义。

2. 完成这个目标后员工能得到什么

效价指的是达成目标后满足个人需要的价值的大小，它反映了个人对某奖酬的重视与渴望程度。为了提高效价，管理者在设置奖励时要从员工的真实需求出发，找到一个现实的、可靠的、立竿见影的"发动机"，有针对性地运用工资提成、福利补贴、专项奖金、晋升标准、培训学习、口头表扬等。

3. 如果不能完成这个目标会怎么样

完成目标有奖励，那如果目标没完成呢？管理者要提前与员工沟

通清楚，如果目标没完成将会对个人利益、部门利益甚至是组织利益造成什么影响。在目标设置合理的前提下，也可以设置一些合理的惩罚措施，但一定要提前与员工沟通说明。

4. 完成目标的可能性

目标完成后的奖励很诱人，但如果完成目标的可能性微乎其微，对员工来说反而是一种打击。所以，在告诉员工具体的目标之后，也要向员工说明实现目标的可能性，以增强员工的信心。

（三）如何完成这些目标

许多管理者在沟通绩效目标时容易忽略一个细节，只告诉员工应该完成什么目标，却没有与员工讨论怎样才能完成目标，结果目标成了口号，失去了指南针的意义和作用。一个清晰的目标应该转化成具体的工作计划，管理者在为员工制定目标的同时，应该与员工一起讨论确定前进的方向和路线。

总而言之，分解绩效目标最重要的就是全员参与，形成对战略目标的统一理解，并达成共识。除此之外，管理者和员工也要严肃认真地对待绩效目标的分解，并承担相应的责任，尽量以书面文件的形式落定并签字确认。

二、绩效执行，如何推进与监督

绩效管理，是一个过程管理，而非结果管理。不少管理者在分解完绩效目标之后就撒手不管，直到期末绩效考核时才发现问题百出。

有的员工无法完成目标，有的员工只完成了"量"却没有保证"质"，还有一些员工为了完成目标不择手段，侵害了组织和其他员工的利益。在绩效执行的过程中，管理者的关键作用就是推进并监督工作按照既定的路线进行，其主要工作包括以下三个方面。

（一）抓关键人、关键事

一个追求完美主义的管理者也许不适合负责绩效管理。如果管理者一味地追求考核指标的面面俱到，那么员工也会把时间和精力用来研究考核分数的来龙去脉，一来一往，就已经背离了绩效管理的初衷。那么管理者应该做什么呢？就算管理者把所有时间都用来关注员工，也不可能盯住所有人和所有事。事实上，真正会影响整个组织发展的只有几个关键人和关键事，所以管理者的职责是抓住这些关键人和关键事。关键人分两种：一种是引领团队向前发展的优秀代表；另一种是危害团队的"不定时炸弹"。关键事是指能反映员工价值观、能力和贡献的关键案例。

（二）定期检查工作进度

为了确保目标能顺利完成，需要将整个过程划分为几个阶段，并在每个关键节点检查工作的完成情况。如果进度较慢，与其批评指责员工，不如耐心地与员工一起分析原因并制定相应的对策。除了员工主动汇报，管理者也要不时地主动询问工作的进度，给员工营造一种"管理者时刻在关注这项工作"的感觉。

（三）为员工排忧解难

管理者在团队中就好像冰壶选手一样，需要不断地为员工消除前进的阻力，引导员工按照既定的路线前进。当员工在完成绩效目标的过程中遇到困难时，管理者需要做的工作不是向员工施压，而是应该沟通了解困难点在哪里、解决方法是什么、自己能为员工做点什么。员工更想听到的是"你尽管放心去做，有什么克服不了的困难我来帮你解决"，而不是"你怎么连这点小事都做不好"。当深入了解员工遇到的困难之后，如果管理者自身都意识到无法解决这个困难，那么适当调整绩效目标也是有必要的。当然，这种调整不要成为常态，不能用战术上的困难性，去否定战略上的必要性。

三、绩效结果，如何考核与奖励

在规定的期限结束之后，管理者需要对员工的绩效结果进行考核，并根据考核结果进行奖励。这是绩效管理过程中非常关键的一个环节，因为它不仅关系到员工的利益，也关系到管理者自身和团队的业绩，甚至会影响整个组织的发展。

（一）考核：适合的才是最好的

绩效考核是现代组织不可或缺的管理工具，它是一种周期性检讨与评估员工工作表现的管理系统，也是最能体现组织文化精神的体系。绩效考核是一把双刃剑，既能促进组织发展，也能毁灭组织。

案例 6-2

绩效主义毁了索尼，却成就了三星

索尼在 20 世纪是全球创新的标杆性企业，其地位丝毫不比现在的苹果、谷歌差。可如今索尼风光不再，在讨论索尼没落的种种声音中，索尼前常务董事天外伺郎于 2007 年 1 月写了一篇文章叫《绩效主义毁了索尼》，文中指出："因为要考核绩效，就必须把各种工作要素量化，其最大的弊端是搞坏了公司内原本温情而信任的气氛，上司不再把部下当做有感情的人看待，而是一切都看指标，用评价的眼光审视部下；因为要考核绩效，在考核上花费了大量的时间和精力，而在真正的工作上却敷衍了事，出现了本末倒置的倾向；因为要考核绩效，几乎所有的人都提出容易实现的低目标；因为要考核绩效，公司内部追求眼前利益的风气蔓延，一些扎实细致的工作则被忽视。总之，从 1995 年开始的绩效考核毁掉了索尼的传统文化，让员工失去了内在的工作激情、挑战精神和团队精神。"

但反观另外一家全球性企业三星，绩效主义却成了其"撒手锏"。一个不争的事实是，三星在数字时代取得了骄人的业绩，并且比索尼更早引入美国式的绩效薪酬制度，正是绩效主义助推了三星成功转型。

（资料来源：笔者根据相关资料整理）

　　除三星之外，华为也是一家绩效主义特色鲜明的企业，而且发展蒸蒸日上，为什么索尼就失败了呢？事实上，绩效考核只是一个工具，绩效主义本身也没有错，关键在于组织如何去运用和完善这个工具。剖开来看，绩效考核主要关注四个问题：考什么？谁来考？怎么考？考了之后怎么用？

　　1．考什么

　　绩效考核的内容可以包括很多方面，如业绩、价值观、行为、态度等。在设置考核内容的时候，需要注意以下几个问题。

　　（1）指标设计不要太复杂：对底层员工的考核指标最好不要超过5个，对管理者的考核指标不要超过8个。

　　（2）考核不能只考核个人，更重要的是团队。要将个人、团队、部门和组织的利益捆绑在一起，避免内部过度竞争和个人主义。

　　（3）考核指标不要过分量化。指标量化是出于方便打分考核的目的，但过度量化会带来很多问题。一是流于形式，考核者很难将被考核者的实际行为与考核指标联系在一起。二是导致员工钻空子，只追求数字而非工作本身。三是会造成一系列的矛盾，容易出现"我的指标都已经达到了，为什么不给我加薪升职"等现象。

　　（4）抓住关键事。关键事是指能反映员工价值观、能力和贡献的关键案例，根据一些真实发生的关键事情来考核。

　　（5）关注组织长期成长的可能性，而非短期业绩目标。绩效管理的另一个误区是只重短期，不重长期。我们都知道，如果没有正确的引导，员工可能会为了短期利益而牺牲组织的长期利益，如为了一次成交欺骗客户。这一点在绩效考核设计中必须有充分的考虑。索尼实行"绩效主义"最大的失败就在于禁锢了人的潜能，只注重考核员工短期内创造价值的能力，而非长远、全面地考核人的进步性与贡献度。

2. 谁来考

管理者应该意识到，绩效考核不仅仅是人力资源部门的工作，与管理者自身也密切相关，员工的主管领导才是考核的主体。考核者一般包括主管领导、自己、同事、下属、客户等，至于选取哪些考核者要根据组织的规模、岗位的性质、员工的职级等多个因素综合考虑，并非越多越好。

3. 怎么考

现行的绩效管理工具有很多，目标管理法、360度考核法、要素评价法、关键事件法、平衡计分卡、相对评价法等。哪一种是最好的？答案是"没有最完美的工具"。继西方国家推行关键绩效指标（KPI）考核法以来，国内大部分组织也纷纷采用该考核方法。但这一考核方法甚至还未被完善就已经被谷歌、IBM、GE、Facebook、微软等企业所抛弃，取而代之的是"敏捷绩效管理模式"，一种是OKR+绩效评估，一种是目标管理+实时反馈。国内许多企业也纷纷引入该模式，但离真正实施成功还有很长的路要走。

绩效管理自然要紧跟时代变革的步伐，但变革要有问题意识，不能被"帽子"的光环遮蔽了双眼，一味地模仿只会适得其反。"不管黑猫白猫，能抓住老鼠就是好猫"，适合的才是最好的。在引入一种绩效管理模式时，一定要先根据组织的实际情况进行诊断，避免发生排斥反应。

4．考了之后怎么用

考核之后也要注重给员工反馈，并将考核结果运用到奖励、惩罚和改进员工的工作上，具体内容将在下面进行阐述。

（二）奖励：遵循四个原则

1．不与员工争抢功劳

当员工取得较好的成绩时，不少管理者的错误做法是：在员工面前赞美了员工，但在领奖时却把功劳揽在自己身上，在上司面前不愿意提到员工的名字。这种做法不仅会伤害员工的积极性，也会导致团队瓦解。正确的做法应该是：把功劳分给应得的员工，多在上司面前表扬员工，给员工提供更广阔的平台，因为员工的成功和团队的胜利就是管理者最大的荣誉。

2．牛人被充分激励

每个组织、部门都会有一些"牛人"，他们怀揣梦想，充满热情和干劲，为了业务拼命地干，并且能提交一份令人满意的业绩。激励的本质就是让做得好的人得到更多，所以绩效奖励的设计首先要考虑的就是去激活这群"牛人"，带动越来越多的员工不断做出新的更好业绩。

3．要调动大多数人的积极性

"牛人被充分激励"只是前半句，后半句则是"要调动大多数人的积极性"，因为组织的运转和组织目标的实现需要大多数员工的共同推进。要让大多数员工看到目标实现的可能性，也看到自己获得奖励的可能性。任正非将员工分为三类：第一类是普通劳动者；第二类是一般奋斗者；第三类是有成效的奋斗者。在分享成果时首先要考虑的是有成效的奋斗者，但同时也照顾到普通劳动者和一般奋斗者，肯定他们的付出，充分调动他们的积极性，只有这样才能逐渐将这些人转化成有成效的奋斗者。

4. 结合多种奖励方式

正如前文所提及的，不同员工有不同的需求，绩效奖励只要真正满足了员工的需求才能起到激励作用。可以是物质奖励，也可以是精神奖励，如奖金、培训机会、晋升、口头赞扬等。

四、绩效反馈，如何沟通与指导

绩效管理的最后一个环节，也是最重要的一个环节，就是绩效反馈，绩效反馈的目的是为了让员工了解自己的工作状态、优点和不足，并针对不足提出改进建议，从而促进员工和组织共同成长，这也是绩效管理的初衷。一个完整的绩效反馈应该包括以下几个环节。

（一）做好前期准备

绩效反馈常以面谈的形式开展，在面谈前期，需要做好准备工作：选择合适的时间（一般在一个绩效周期结束时进行，选择管理者和员工都方便的时间，提前一周用邮件、电话通知员工做准备）、地点（小型会议室、接待室、咖啡厅、茶馆、办公室等，安静、不易被干扰的场所），收集整理信息资料（绩效合约表、员工日常工作情况记录、员工绩效评估结果、绩效面谈表、上年度总结和下年度计划），准备面谈提纲等。

（二）说明目的，倾听员工并予以肯定

先营造良好的沟通氛围，说明此次谈话的目的。在表达自己的观点之前，先听听员工是如何评价自己的绩效表现的，并肯定员工的努力和成果。

（三）反馈结果，并客观指出不足

紧接着直奔主题，管理者要和员工确认绩效结果，耐心听取员工对绩效结果的意见，让员工对有出入的信息和结论做必要的说明和解释。

考核的结果不仅仅是为了告诉员工这个月能获得多少绩效报酬，更重要的是，要通过分析告诉他为什么只获得这些报酬，还能不能做得更好；如果要做得更好，需要在哪些方面进行改进和提升。所以，管理者在向员工反馈绩效考核结果的时候，不仅要关注员工做了什么，也要关注他们是怎么做的、做的过程存在什么问题。在与员工分析问题和不足时，要尽量具体、客观、语气亲和，表现出对员工的殷切关心。

（四）提出改进计划，并加油鼓劲

光提问题不提解决方法，对于员工的帮助收效甚微。在帮员工找

到绩效低的真正原因以后，要帮助员工制订绩效改进计划，明确改进的具体步骤及完成的时间，并全部记录下来，把绩效改进计划书面化。如果员工绩效很好的话，记录重点为发展计划，记录时间、责任、跟进方式和周期。

当然，管理者也需要对员工进行鼓励，使其振奋精神、鼓足干劲，以乐观的情绪开始下一阶段的工作。

面谈结束并不代表绩效反馈就成功了，管理者还需要持续关注员工的行为表现。绩效反馈不应该只发生在绩效周期结束的时刻，而应该贯穿于整个绩效管理的过程，要形成经常、即时、有条理的反馈体系。

场景 07：员工离职，如何沟通

> 叶子的离开，是风的追求，还是树的不挽留？
>
> ——张晓风

在这个以人力资源为组织核心竞争力的时代，组织的竞争就是人才的竞争。随着全球范围内的人才竞争进入白热化状态，人才流动也成为工作生活中的正常现象，员工离职的现象也越来越普遍。"前程无忧"在最新发布的《离职与调薪调研报告》中称，当前员工整体流动性明显上升，平均离职率达到了 20.1%。随着就业环境的改变和新一代员工步入职场，员工离职率的提高已经成为一种趋势，这不仅给广大管理者敲响了警钟，还给管理者带来了一个棘手的难题——员工离职，如何与员工沟通？

一、员工欲离职，原因有可能与管理者有关

到一个组织工作，就像和组织谈恋爱。"在一起"也许需要很多个理由，而"分手"只需要一个理由，可以是天经地义的理由，也可以是令人无法理解的理由。在如此高的离职率背后，究竟谁应该"背锅"？无论是从业界案例来看，还是从学者的研究成果来看，至少 40%的员工选择离职是由管理者造成的。

案例 7-1

公司发展再好，管理者的疏忽也会导致人才的流失

赵鑫在一家互联网公司做了五年，从公司成立开始，他就跟随着庄老板，在两三次公司即将倒闭的情况下，尽管其他员工都走光了，但赵鑫对庄老板不离不弃。后来公司又渐渐走上正轨，接着就是规模慢慢变大，从原来的俩人，变成了 10 人，慢慢又达到了 100 人，发展到第五年，公司的规模已经达到了 300 人。然而就在这时，赵鑫却将辞职信递给了庄老板。

庄老板一脸惊愕："什么！？你要辞职！为什么？"

赵鑫无奈地说道："对不起，我太累了。留在这里，我看不到自己的未来。"

庄老板诚恳地问："你为什么一定要走呢？这公司是我和你一起打拼下来的。"

赵鑫苦笑道："就是因为是我和你打拼下来的，所以，我必须走。这些年，我很努力证明自己的能力，把这当成自己的事业，可换来的也只是人事部经理。"

庄老板急忙回应说："对不起，让你受委屈了。你的付出我都看在眼里，我明天就给你升职当副总，年薪 80 万元。留下来一起奋斗好吗？"

"感谢您的好意"，赵鑫摇摇头，"我已经坚定了离开的想法，也

已经和新东家签订了合同。但是您放心，该保密的我一定会保密，也希望我们还是朋友，还有合作的机会。"

感受到赵鑫去意已决，庄老板也不好意思再强行挽留。赵鑫离开后，庄老板独自一人坐在办公室里，又想起了前几年离职的另外一位得力助手，顿时感觉悔恨不已。故事发生在公司成立的第三年，技术部的小李是 90 后，在技术开发方面可谓是行业翘楚，但有一段时间经常请假、缺勤，干活也不积极了，直到有一天，庄老板才发现小李这几天都没来上班，就问赵鑫怎么回事。"他已经辞职啦。"庄老板一听，眉头紧锁，但也只是云淡风轻地说了一句："现在的 90 后真是任性，想走就走。"殊不知，小李离职不是因为公司，而是对庄老板感觉心寒，所以及时选择了离开。赵鑫当时是知晓原因的，没想到两年后自己也不得不做出同样的选择。而当庄老板意识到这一切的时候，已经失去了"左膀右臂"。

（资料来源：笔者根据相关资料整理）

对于赵鑫，庄老板在其提出离职后才想起通过加薪和晋升来挽留他，条件看起来似乎很诱人，却留不住员工的心；对于小李，庄老板甚至都不知道他已经离职了，平时缺乏关心，也没有及时进行离职面谈了解离职原因，难免让员工心寒。最终导致员工选择离开的原因往往不是公司，而是管理者本身（如员工受不了管理者的管理方法、管理风格、为人处世等）。

二、员工离职前，其言行是可以看出来的

在职场中总会遇到一种奇怪的现象：平时嚷着要离职的员工一般走不了；真正离职的员工往往是那些默不作声的员工，而这些员工往往是组织不愿意失去的。其实，真正有离职想法的员工，是可以通过其言行判断出来的。

案例 7-2

员工想要离职的十大迹象

现在的员工都很聪明，为了缩短工作空白期、保证社保不断缴等原因，一般不会选择"裸辞"，而是会提前找好下家再提离职。在这段时间内，员工的言行也会悄然发生改变。一般来说，如果员工突然出现以下迹象，那么这名员工很有可能会在近期内提出离职：

- ➢ 他们的工作生产力更低，工作不专注；
- ➢ 他们经常在上班时间偷偷接电话，或者做其他事情；
- ➢ 他们经常请假；
- ➢ 他们表现出的团队精神更低；
- ➢ 他们更经常做最少量的工作，频繁拒绝别人；
- ➢ 他们更不愿意承诺参与长远计划，对组织的使命不再有热情；
- ➢ 他们的态度恶化，经常早退、迟到；
- ➢ 他们对公司的很多事情都冷眼看待；

> ➤ 他们更经常表达自己对目前工作和上司的不满；

> ➤ 他们在与客户沟通时态度散漫。

（资料来源：笔者根据相关资料整理）

"燕子低飞蛇过道，大雨不久就来到"，人的心态一旦发生变化，其言行也会跟着改变。通过员工的上述行为，管理者可以提前预测员工的离职倾向，也能提前做好准备，尤其是针对一些不可多得的人才，可以提高挽留成功的概率。

三、员工离职时，管理者用暖心话打消其离职想法

当员工提出离职时，管理者的应对方式最能彰显自己的人品和格局。不少管理者在面对这种情况时，第一反应是动怒，紧接着采取克扣工资、拒绝开具证明等方式百般刁难员工，殊不知这种行为既让员工彻底心寒，也影响了组织的名誉。真正有格局、有魅力的管理者则会用开放的心态去对待要离职的员工，用暖心的、宽心的和交心的话来挽留员工。

✖ 案例 7-3

马云对离职员工说的一番话

阿里巴巴（简称"阿里"）现有员工 3 万多名，创业以来离开的员工有 5 万多名。对于员工离开，马云都会利用发邮件、召开座谈会、

举行"离职员工大会"等多种形式话别，他寄语员工的话语不仅使很多离职员工当场泪奔，更是受益终生。对于员工选择离职，马云说："能在阿里共事，是我们的缘分。如果你要辞职，我会尊重你的选择，出去也蛮好的。员工要离开公司是考虑很久的事情，而且去哪儿早已经想好了。我知道可能是我和公司的问题导致你们离开，我需要做的是如何把公司的平台做好，使更多优秀的人才出现。所以你们要走，我会为所有阿里离职的员工保留工号，如果辞职出去后发现外面不适应，想回来，完全可行，我欢迎。今后对于想创业的人，我们会给予一些投资。"

"有想法的员工是幸福的，离职员工也应该是被祝福的。我不会把离职创业的人看成是叛徒，我们的心态是开放的。即使你加入腾讯、百度、京东——任何竞争对手，阿里不会有任何生气，我不相信你去了那边会破坏阿里的生态系统，我们要有这个气度。过去员工离职后，95%会参与阿里相关生态圈的建设，而不是与阿里竞争。只希望你把阿里'让天下没有难做的生意'的使命感带过去，我一直相信，会有这么一天，外面的阿里人比公司里的多，你们将会是我们的敌后外援。"

（资料来源：笔者根据相关资料整理）

员工要离职，马云没有说责备、埋怨、生气的话，而是换位思考，给予理解，使得阿里成为他们永远的"家"。这样的送行，会让一些本来有怨气的员工变得对公司依依不舍。

当员工提出离职申请时，与员工进行离职面谈是有必要的，这不仅是人力资源部门的工作，作为员工的直接管理者，更应该重视这项工作。一方面，通过与离职员工进行离职面谈，可以了解离职员工的离职原因，有助于提高组织竞争力，也有助于管理者不断提升自己；另一方面，在离职面谈中可以消除敌对态度，与员工保持良好关系。具体而言，在离职面谈过程中，管理者应该做到以下几点。

（一）适当挽留

对于能力突出、表现优秀的员工，管理者要适当挽留员工。挽留也要讲究技巧，加薪和升职不是唯一的手段，扣留相关材料证件、惩罚赔偿等负面手段也只会导致两败俱伤。正确的做法是倾听员工的心声，了解员工的困难，帮助员工正确认识管理者和组织，解决员工的"心病"，才是根本之策。

（二）了解离职原因

马云总结了员工离职的两个根本原因：一是钱没给到位；二是心里受委屈了，说到底就是"干得不爽"。员工要离职了还费尽心思找各种理由，就是为了给管理者和组织留面子，如果管理者还不能意识到这个事实，那么对组织来说是很危险的。但难就难在如何让员工说出"不爽"的真正原因。如果直接问员工"为什么要离职"，得到的答案很有可能就是"这是我个人的原因"，这样的提问不利于找到员工离职的真正原因。在巧技能 7-1 中，我们总结了"询问员工离职原因的技巧"，供大家参考。

巧技能 7-1

询问员工离职原因的技巧

无效的问题	有效的问题
你觉得你的上司怎么样	你最不喜欢现在上司的什么地方
你对这份工作不满意吗	现在从事的这项工作，有哪些任务让你提不起兴趣
你觉得你们的团队关系怎么样	在你和团队成员合作时，经历的最糟糕的一次合作是什么
你对现在的薪酬和岗位满意吗	你觉得自己的水平适合拿多少薪酬？适合什么岗位
你离职是因为家庭原因吗	在家庭和生活方面，组织有什么可以帮助你的吗
你为什么选择离职	是什么吸引你加入下一家组织
少问"是不是"，多问"是什么"；给员工倒杯水，营造轻松的氛围，对于欲言又止的员工，要积极引导，打消其疑虑，使其敞开心扉；一次面谈可能无法得知真实信息，第二次面谈是有必要的	

（三）消除对立情绪

离职员工一般是在极其不满的心态下做出决定的，离开组织后有可能会诋毁组织形象，这对于组织的发展是不利的。所以，即使员工决意要走，管理者也要消除员工的敌对态度，让员工将不满发泄出来，让员工感受到管理者的真诚，用善意的行动和语言改变敌对的立场，引导员工重新认识组织和管理者。

四、员工离职后，人虽然走了但是心还在

"判断一家公司好不好，不是仅仅去看公司现在有多少人才，还要去看看那些离开公司的人是否依然具有这家公司的气质、理想、价值观。"这是来自阿里巴巴前董事局主席马云的一番话，不仅体现了马云的风度，更是对阿里巴巴企业文化的一种体现。如果把离职员工看成"叛徒"，离职员工也会反过来把组织当做"敌人"。作为一名管理者，应该意识到离职员工依然是组织的一笔财富，离职只是组织和员工关系的又一个新起点。

案例 7-4

阿里校友会

阿里巴巴流传着一个有趣的聚会盛典——"阿里校友会"，在阿里的企业文化中，同事间互称"同学"，员工离职称"毕业"，"阿里校友会"就是针对离职员工所举办的聚会。不仅如此，阿里巴巴对离职的员工有"二进宫"制度，如果阿里巴巴的员工辞职出去后发现外面不适应，想重新回阿里巴巴，完全可行。这些人虽然离开了阿里巴巴，但是马云依然给他们发放福利，如阿里巴巴的体检系统依然向这些离职员工和他们的家属开放，住酒店、买机票等福利也会和这些离职员工共同分享。对于阿里巴巴而言，这些离职员工就是强大的"外

援部队"，无论离开多久，这些"校友们"也在以各种各样的方式实现"阿里人"的理想，实现"阿里人"的使命。这些人才虽然"毕业"了，但是人心没散，大家的这份情依然在。

"希望二三十年以后，中国500强中有200位CEO是从阿里巴巴出去的"，这是马云作为一个管理者的胸怀，也是阿里巴巴能一步步走到今天的重要原因。绝大多数的企业都有一套比较完整的招聘制度，但建立了离职员工管理制度的有多少呢？真正具备管理离职员工意识的管理者又有多少呢？"人走了，心还在"，如果管理者在管理离职员工时不能达到这种境界，对企业来说就是一笔巨额财富的流失。

（资料来源：笔者根据相关资料整理）

离职员工对组织而言还有巨大的价值。首先，离职员工是组织未来招聘的合适人选，可以减少员工与组织的磨合成本；其次，离职员工也是本组织产品或服务的消费者，不要因为离职就失去了这群消费者；再次，离职员工也是组织品牌形象的宣传者，在宣扬组织文化和价值观时可以发挥积极作用；最后，离职员工也可以是组织的合作伙伴，为组织带来直接的利益。既然离职员工存在这么大的价值，那么管理者如何通过管理离职员工来发挥他们的价值呢？

（一）记录保存离职员工信息

麦肯锡咨询公司采用了"麦肯锡校友录"，用来记录离职员工的有关信息，阿里巴巴也采用了这种做法。在大数据时代，这些信息就是组织的宝贵财富。

（二）设立专岗来管理离职员工

该岗位的主要职责就是及时更新离职员工的职业发展状况和联系方式等信息，以确保能够和离职员工保持联系。

（三）保持一定的互动

一方面，可以将组织新的发展状况及时告知离职员工，让离职员工保持对组织的关注；另一方面，在一些重要的节假日或离职员工的生日时，及时送上暖心的祝福。与此同时，定期开展一些聚会活动，让离职员工感受到自己依然是组织的一分子。

场景 08：危机来临，如何沟通

> 危机不仅带来麻烦，也蕴藏着无限商机。
>
> ——格雷格·布伦尼曼

　　所谓危机，就是指将会对个人或机构的诚信、声誉乃至生存构成威胁的事件、报道、指控等。从一个组织诞生的那天起，危机便紧紧跟随，而且随着商业运作环境的变化，组织出现危机的频率也在逐渐攀升。当组织危机来临时，许多管理者选择花大量的精力在对外的公关工作上，却忽略了对内的员工沟通工作，往往造成组织从内部开始崩塌。作为一个优秀的管理者，不能只会在顺境中指挥战斗，也需要在危机来临时从容应对，做好员工的沟通工作，带领员工共同走出困境，将危机转化为商机。

一、危机之前，未雨绸缪常警戒

　　关于危机，有一句经典的话：天气好时，正是修屋顶的好时机，别等雨来了再修。化解危机最简便、最经济的方法就是将危机预防作为危机管理的第一步，这就要求管理者学会未雨绸缪。未雨绸缪首先就要从意识形态入手，强化自身及所有员工的危机意识。其次，危机预防不能只停留在意识层面，还需转化到具体的行动中，学习掌握应对危机的技巧。除此之外，为了有效预防和控制危机，管理者也要重视危机预警机制的建立。

（一）强化危机意识

案例 8-1

时刻保持危机感

在过去几年里，有关企业危机的报道接踵而来。三星的 Galaxy Note 7 智能手机爆炸事件导致股价下跌，损失了 170 亿美元；Uber 深陷各种争议性丑闻（如歧视残疾人、性骚扰等），造成了 12 亿美元的损失；丰田汽车因安全气囊缺陷召回了数百万辆汽车，造成的损失至少有数十亿美元；大众汽车因"排放门"事件导致该公司面临数十亿美元的罚款；制药公司默克掩盖了药品存在的风险，赔了 48.5 亿美元；京东 CEO 刘强东事件导致京东股价持续暴跌，损失高达数十亿美元……

为了防止危机事件的发生，强化危机意识成了管理者和员工们的一门必修课。

百度李彦宏：百度离破产永远只有 30 天。

华为任正非：华为的危机，以及萎缩、破产是一定会来到的。

稻盛和夫：在豪华巨轮上的乘客和在简陋船板上的人，对危机的想法难免会有不同。但是，如果没有忧患意识，那么危机不会对他们区别对待。我做事的原则就是，在晴天修屋顶，永远不等到雨天。不论市场如何变化，我都坚持在企业中储备一定的现金。有了雄厚的积累，再遇到危机，我们都有"体力"支持下去，找到机会，转危为安。

世界上最大的航空制造公司——波音公司。为了增强员工的危机意识，别出心裁地摄制了一部模拟公司倒闭的电视片。波音公司将这部电视片在员工中反复播放，员工们都受到了巨大的震撼，激起了公司上下的危机感。

（资料来源：笔者根据相关资料整理）

组织危机爆发的原因是方方面面的，包括技术、质量、自然灾害、政治、法律、员工关系等。稍有不慎，都有可能导致一个组织濒临倒闭。危机并不可怕，只要准备充分、调整好心态、应对得当，危机也会变成生机。但如果连危机意识都没有了，那么危机就会像潮水一样铺天盖地袭来。

管理者首先要以身作则，强化自身的危机意识，无论是管理业务还是管理员工，都要学会居安思危，防患于未然。同时，管理者也肩负着强化员工危机意识的重任，尤其是在技术和质量管理方面，员工一个小小的失误都有可能酿成大祸。丝毫没有危机意识，才是最大的危机。

（二）掌握应对危机的沟通技巧

在面对突发事件和危机挑战时，不少管理者由于缺乏危机公关意识和沟通技巧，发表了一些不恰当的言论，或是采取了一些不合适的措施，引起一系列危机的次生灾害及内部矛盾，最终演变成了社会矛盾。

案例 8-2

杨 修 之 死

曹操聚集军队想要进兵汉中，又被马超拒守，欲收兵回都，又怕被蜀兵耻笑，心中犹豫不决，正碰上厨师进鸡汤。曹操见碗中有鸡肋，因而有感于怀。正沉吟间，夏侯惇入帐，禀请夜间口号。曹操随口答道："鸡肋!鸡肋!"夏侯惇传令众官，都称"鸡肋"。行军主簿杨修，见传"鸡肋"二字，便让随行士兵收拾行装，准备撤兵。有人报告给夏侯惇。夏侯惇大吃一惊，于是请杨修至帐中问道："您为何收拾行装?"杨修说："从今夜的号令来看，便可以知道魏王不久便要退兵回都。鸡肋，吃起来没有肉，丢了又可惜。如今进兵不能胜利，退兵让人耻笑，在这里没有益处，不如早日回去，来日魏王必然班师还朝。因此先行收拾行装，免得临到走时慌乱。"夏侯惇说："先生真是明白魏王的心思啊!"然后也收拾行装。于是军营中的诸位将领，没有不准备回朝的。

当天晚上，曹操心烦意乱，不能安稳入睡，因此便用手提起钢斧，绕着军营独自行走。忽然看见夏侯惇营内的士兵都各自在准备行装。曹操大惊，急忙回营帐中召集夏侯惇问其原因。夏侯惇回答说："主簿杨德祖事先知道大王想要回去的意思了。"曹操把杨修叫去问原因，杨修用"鸡肋"的含义回答。曹操大怒说："你怎么敢乱造谣言，乱我军心！"便叫刀斧手将杨修推出去斩了，将他的头颅挂于辕门之外。

（资料来源：笔者根据相关资料整理）

大敌（危机）当前，杨修却仗着自己的小聪明在军中散发不合适的言论，导致军心混乱，最终也葬送了自己的性命。组织管理也是如此，在危机来临时，哪些话不能在员工面前说，哪些话应该说，应该怎么说，在什么时间和地点说，都需要管理者提前学习了解。

（三）建立危机预警机制

在组织危机爆发之前，必然会显现出一些信号，如果提前建立了危机预警机制并及时启动，就可能把危机的危害降到最低，甚至有可能将危机扼杀在摇篮中。

首先，要设立危机管理的常设机构，可以由以下人员组成：组织决策层负责人、公关部负责人和一些其他主要部门的负责人。这些成员应保证联系畅通。当危机发生时，该机构自然转型为危机领导核心。

其次，要制定危机管理方案，应考虑所有可能造成危机发生的问题和趋势，有针对性地制定详细的解决方案和行动计划，不断监控行动结果，获取反馈信息，根据需要修正具体方案。

最后，要模拟危机情景。各个层级的管理者都应该定期进行风险识别，并对此进行情景模拟和应对。当出现危机信号时，就需要加强监测，实时跟进。

二、危机之中，鼓舞士气一条心

当危机真正来临时，才是真正考验管理者领导力水平的时刻。在做好对外危机公关工作的同时，对内的员工沟通工作也不容忽视。因为只有当内部员工齐心协力、上下一条心的时候，才能共渡难关，走出低谷。

案例 8-3

改变命运的 1 分钟

SpaceX 创办于 2002 年，旨在"彻底改变太空技术"，使人类移居其他星球，尤其是能生活在火星上，公司的创办人是马斯克（Elon Musk）。在创办初期，不少好友劝马斯克放弃这个念头，所有人都认为创办火箭公司是疯狂的。17 年过去了，SpaceX 一次又一次地成功发射火箭，将卫星送上太空，一次又一次地创造人类太空史上的第一次。在取得辉煌成就的背后，是一条漫长的坎坷道路。SpaceX 在这条道路上也经历了数次危机，但都挺过来了，这其中的原因离不开马斯克在面对危机时的领导力。

马斯克在创业初期曾经说过，他个人的 1 亿美元投资可以支付三次试射，如果第三次还不成功，就只能认输了。遗憾的是，前两次发射都失败了。2018 年 8 月 2 日，SpaceX 第三次试射猎鹰 1 号（Falcon 1）运载火箭，对于公司来说，这是个决定性的时刻，不仅是因为马斯克之前的言论，更重要的是因为竞争对手的打压。第一节发射堪称完美（第一节推进让火箭脱离地球引力，火箭在这一节推进中要承受最大的动态压力，所以是对火箭结构和材料最有挑战的一节），很多最大的风险点都在这一节。

第一节发射成功时，现场 350 多名员工欢呼雀跃。紧接着是分离环节，就当大家全神贯注地盯着视频时，视频却中断了，大家意识到大事不妙了。即使知道了结局，但所有人仍然焦急地等待马斯克打开大门来告诉他们发生了什么事。

很多员工一直以来一周工作 70~80 多个小时，挥洒血汗，克服技术、机构、政治、财务等方面的各种困难，在极端艰难的情况下逆流而上。每个人都付出了那么多，身心俱疲。这座高峰曾磨尽了很多人的希望与资源，他们是多么渴望能有一次成功，坚定他们跟着这个人继续攀登险峰的信念。但这一次的失败将会影响公司的未来，公司有可能从此走下坡路，再也无法翻身。如果这时候领导不当，他们不仅会在媒体和潜在客户眼中毁了自己，内部也会土崩瓦解。

马斯克走出来之后，绕过了媒体，先对员工发表了讲话："我们知道会很艰难，否则也不会叫'火箭科学'（注：rocket science 也用来通指艰深复杂的东西）了。在我们之前，有许多国家连第一节试射都没能成功（马斯克列举了六七个国家），然而我们却做到了，这说明我们还有机会，还能做得更好。对于今天可能出现的失败，我已经做好了准备，我们已经争取到了一笔可观的投资，足以支持 SpaceX 再尝试两轮发射。我们得振作起来，拍拍身上的尘土往前走，前面还有好多事要做。"马斯克已经 20 多个小时没睡了，但是他依然用带着坚韧的语气说："从我个人来说，我绝不会放弃，永远不会。如果我们一起，一定会取得最终的胜利！"

现场 300 多人的情绪在短短的一分钟里发生了令人难以置信的变化，马斯克的一番话，让大家把绝望的情绪转变成众志成城的决心，即使前方是地狱之门，大家也愿意跟随马斯克奋勇向前。在短短的一个多月之后，不到 400 人的 SpaceX 又重新组装了一枚火箭，并成功发射了火箭，这是人类历史上第一次有私人公司制造的火箭在地球轨道运行。

（资料来源：笔者根据相关资料整理）

在危机面前，马斯克作为团队的管理者，没有沮丧懊恼，而是通过一番鼓舞人心的话，让员工们又重新看到了希望，并且将整个团队凝聚成一股绳，共同渡过了难关。从马斯克的身上，我们看到了管理者在危机面前的重要性。在危机面前，管理者在与员工沟通时应该做到以下几点。

（一）坦诚告知员工真相

当危机发生时，不要试图对自己的员工隐瞒真相，因为"三人成虎"，员工很有可能从流言蜚语中听到比真相更糟糕的故事版本。管理者要尽快把消息告知给员工，因为员工作为组织的成员，有权利比外人知道更多更准确的信息，而不是从媒体或同行口中得到含糊不清的小道消息。即使事情还没搞清楚，也应该把目前掌握的情况告知员工，并且向员工说明一旦有新消息将会尽快通知大家。

（二）勇敢承认错误并主动担责

当危机发生时，有些管理者总喜欢"甩锅"，把责任都推给员工（"临时工"就成了替罪羔羊），企图通过开除员工等方式来逃脱责任，但员工和社会人士往往不会买单。相反，海底捞的做法却得到了社会的认可。当海底捞被曝光存在食品安全卫生隐患时，海底捞第一时间发布了声明：涉事停业的两家门店的干部和职工无须恐慌，主要责任由公司董事会承担。换句话说就是"这锅我背，这错我改，员工我养"。海底捞的领导层主动承认错误，并站在员工的角度考虑，主动担负了责任，既解决了问题，又打了感情牌；既温暖了内部员工的人心，又取得了外部人士的谅解。

（三）发挥"定海神针"的作用

当危机发生时，管理者应该第一时间站出来，而不是畏畏缩缩，躲得无影无踪。危机发生时，管理者应该站在员工面前，说明情况并安抚员工的情绪，发挥"定海神针"的作用，稳定军心。要安抚员工的情绪，除让员工了解情况之外，还需要一些承诺和决心来让员工感到安心，让员工们看到走出困境的希望。

（四）坚定立场，统一战线

当危机发生时，管理者首先要坚定立场，也就是要和组织形成统一战线。管理者具有表率作用，这种态度也将影响其他人。管理者能坚持，其他人不一定能坚持；但是管理者若不能坚持，其他人一定不能坚持。所以，首先要保证管理者和组织能够形成统一战线，再发挥管理者的表率作用，调动全体员工和组织形成统一战线，确保从上到下沟通渠道顺畅，并且对外统一口径，避免从不同员工口中说出不同的故事版本。

（五）告知行动计划和解决方案

当危机发生时，员工更想听到的是组织打算如何解决这个问题。管理者在出面说明危机情况时，更需要说明组织接下来的行动计划，也就是针对当前危机所要采取的解决方案。方案描述不用过于详细，只需说明简单的几个步骤，让员工知道并相信组织能够顺利解决问题。最好能够成立一个专门应对危机的专家小组，保持组织的控制力，保护其他员工不受影响，能够正常工作。

此外，裁员减薪是一个非常敏感的话题。当组织不得不选择裁员减薪时，如何与员工进行沟通呢？如果沟通不当，会给员工带来强烈的不安全感，甚至选择主动离开，导致局面进一步恶化。在裁员减薪时，管理者应该掌握以下几个沟通技巧（如巧技能 8-1 所示）。

◆◆◆ **巧技能** 8-1

裁员减薪时的沟通技巧

稳定核心员工	核心员工的稳定是组织稳定的基础。在执行裁员减薪工作之前，要先取得这些核心员工的理解和支持，并让这些核心员工清楚自己不会受此次裁员减薪的影响，既可以稳定核心员工，又能让这些核心员工发挥作用安定局面
明确执行标准并公开透明	裁员减薪的标准不能模糊不清。裁员的人数、依据，减薪的依据、幅度等标准都应该尽量明确并公开、透明，越是隐蔽就越容易引起员工的误解。即使这个消息让人难以接受
做好面谈工作	执行裁员减薪之前，要制定详细的沟通方案，包括员工名单、法律文件、面谈时间和地点等。面谈时要注意语气措辞，尽量站在员工的角度去考虑，让员工理解组织的困境，耐心倾听员工的诉求
做好善后工作	仔细回顾整个过程存在哪些漏洞，耐心安抚员工的情绪，将补偿措施落实到位，避免矛盾激化。除落实补偿金之外，还有许多人性化的工作可供借鉴，如指导员工写简历、把员工推荐给猎头、出具推荐证明材料等
予以承诺	有部分组织在裁员时会给员工许下承诺"当前是因为组织发展不景气才选择裁员，一旦组织重新发展壮大，会及时通知大家，欢迎大家再次加入我们"

三、危机之后，复盘总结再出发

在处理危机的整个过程中，组织要妥善保存各种信息材料，并做好详细的记录。当渡过危机后，需要认真做好复盘总结工作，梳理整个过程，深入分析起因、经过和结果，并总结应对此次危机的成功做法。

在希腊文化中，"危机"一词的原始含义为"转折点"，它既包含了导致失败的根源，又蕴藏着成功的种子，对于组织发展来说也许是一次不可多得的机遇。比如，通过这次危机让组织认识到自身的问题，才能对症下药做好改革和转型；通过这次危机，让全体员工更加团结一致，众志成城；通过这次危机，让社会大众感受到组织负责任的态度，对组织有了新的认识和新的期待。

3

第三篇
尊重差异，展示特色

之所以说管理就是沟通，原因就是管理者需要与各种差异化的员工进行沟通，包括副手、亲信、影子员工、内行员工、不善言辞的技术专家、资深下属、激励失灵的员工等。

每个人的原生家庭、教育背景、生活阅历等不同，所以个体之间会存在差异。这些差异是一把"双刃剑"，一方面，它会成为构建良好人际关系的"拦路虎"，会导致沟通产生冲突；另一方面，如果管理者能够充分理解并尊重这些差异，针对差异化的员工采取差异化的沟通方式，并在沟通中展示自身差异化的特色，它也会成为顺畅沟通的催化剂。

尊重差异，展示特色，沟通也可以很简单。

场景 09：副手作用，如何发挥

> 正职必须敢于进攻，是狼的标准；副职一定要精于管理，是狈的行为。
>
> ——任正非

一个篱笆三个桩，一个好汉三个帮。一个人的能力是有限的，一件事情的顺利完成，往往需要多人合力，共同配合。在组织管理中亦是如此。一个项目的完成往往需要各个部门、各个经理、各个职员的通力配合。而在这一过程中，如何充分发挥正职与副职的作用至关重要。作为"一把手"，不光要有顾全大局的胸怀和统揽全局的工作能力，更重要的是要发挥好副职的作用，交相辉映。

一、正职与副职：冲突不断

钱钟书在《围城》一书中，形象地将正职与副职的关系比喻为"太太与姨太太"的关系。正职就像过去富人家的太太，而副职就像姨太太。太太只能有一个，姨太太则数量不限。太太与姨太太的待遇自然不一样，这也导致那么多的姨太太千方百计地想被"扶正"。职位的差异性和特殊性，如身份、待遇、地位、权力的不同，是导致正职和副职冲突不断的原因之一。

案例 9-1

无人召开的尴尬例会

小王是一家公司技术部的核心员工，研究生学历，精通专业技术，也熟悉部门业务，前段时间凭借出色的业绩晋升为技术部副总经理。刚刚被提拔上来的小王，把持着部门大多数容易出成绩的工作，每天单独召集一部分部门职员开会，非常强势，经常不按照部门李总的要求行事。

李总是公司的老员工，现任公司技术部总经理，跟随公司发展已经快 20 个年头，在公司掌握着较为丰富的人脉资源和行业资源，在部门中也主要掌握部门发展的大项目和大方向。之前对小王的行为睁一只眼闭一只眼，但现在越来越觉得充满"危机"。

整个部门目前明显呈分裂状态，一部分人直属副总小王，天天围着他，做容易出成绩的工作；剩下一部分人被排除在容易出成绩的工作外，按正职领导李总的要求做事。两位领导的分歧已经影响到了个别工作的分配，如某一件高层领导重视的工作，李总要将它交给一个人办，而小王偏要将它交给另一个人办。小王的做事风格很明显，就是要掌握尽量多的资源，做最好的业绩，要把所有高层领导重视的工作都攥在手里并做出成绩。李总不甘心，也非常担心小王的做法会让自己的地位受到威胁。两人之间的矛盾越来越明显。

（资料来源：笔者根据相关资料整理）

　　案例中的部门正职和副职冲突不断，矛盾不断激化，加剧了团队内耗，严重影响了部门的发展。正职与副职的冲突是一个常见的现象，类似的事件每天都在不同的组织中上演。概括起来，正职与副职的冲突主要表现在以下几个方面。

（一）决策与执行的冲突

　　在正职和副职的关系中，二者的职权大小、职权范围存在差异。正职有决策权，负主要责任，而副职重执行、重落实。因此，二者在权力的大小和分配上容易产生冲突，主要表现为：正职不授权，而副职又越权，从而引起职权上的冲突。

（二）全局利益与局部利益的冲突

　　正职与副职的角色定位和职务分工不同，导致二者考虑问题的利益出发点不同。正职主要从全局考虑问题和解决问题，而副职更多从主管工作的角度来考虑问题，更注重局部利益。如果不能很好地协调，也容易导致相互之间的矛盾和不团结。

（三）会上决定与临时处理的冲突

　　正职与副职的矛盾还表现在会上决定与临时处理之间的矛盾。如领导班子在会议上就某一问题的决定达成了一致，但在解决问题的过程中，往往需要根据临时发生的情况，采取一些应急措施，从而导致与会上决定不一致。这时如果正职与副职之间沟通不到位，就容易造成误解，从而引发冲突。

二、正职与副职：明确角色

正职与副职作为组织的关键角色，在岗位职责和工作分工上有着不同的定位。在一个领导班子中，正职处于主要位置、主动地位，起决定作用，"班子强不强，关键在班长"。正职既要突出集体领导的作用，又要调动副职的主动配合作用。组织需要明晰正职与副职的角色定位，尽可能地规避因角色定位混乱引发的冲突，以使正职和副职为组织发挥最大的效用。

（一）正职的角色

在组织管理比较规范的情况下，正职负责全面管理工作，对组织或部门负主要责任。概括起来，正职的角色定位主要表现在以下几方面。

1．关注战略性的事和人

正职对组织或部门的发展具有长期性、战略性的作用。正职作为组织或部门的"一把手"，应重点关注战略性的事和人，需要站在战略层面考虑问题，从大局、大方向出发，而不是关注操作层面的"细枝末节"。

2．关注关键性的事和人

作为组织或部门的"一把手"，不可能在细节上做到"面面俱到"，也不可能在处理事情上做到事无巨细。"一把手"要在关键点上抓好关键事和关键人。关键事是指能反映组织效益、反映员工能力与贡献的事情。做到管理不越权，用人不越位。关键人主要有两种：一种是引领团队向前发展的干部代表；一种是危害团队的"不定时炸弹"。

3．关注应急性的事和人

"一把手"在相应的组织或部门中具有相应的决策权，因此也需要对决策承担主要责任。"一把手"也需要解决下属解决不了的难题。当组织或部门有紧急情况时，"一把手"就需要及时关注、跟进、处理，以确保整个项目或工作的顺利推进。

4．关注难以分解的相关事和人

下属的难题也是管理者的难题，"二把手"（副职）处理不了的难题更是"一把手"的难题。当组织或部门出现难以分解的相关事和人的时候，就需要"一把手"站出来，掌握大局，理清思路，分解任务目标。

5．领导班子建设及组织管理

要形成良好有序的善治，加强领导班子建设和组织管理是关键。"一把手"要加强领导班子建设，做好领导班子成员间的分工，强化组织领导，协调好上级、同级、下级各方面的关系，维持好领导班子的生态平衡，同时还要注重培养干部的能力和感情，以提高组织内部的工作效率，降低组织外部的交易成本。

6. 自我管理及环境管理

"正人先正己"，正职首先要"修己"，然后才能"安人"。因此正职要注重自我管理，要把住自己的嘴，管住自己的腿，还要管好身边的人，时时处处为他人做表率，不断提高自己的业务素质和综合能力，持续学习，不断提高自己的"段位"。另一方面，正职还要加强对工作环境、组织环境的良性塑造。

（二）副职的角色

副职协助正职抓好工作，分管一个方面的工作，其分工由正职确定。在一般情况下，副职对分管的工作，在授权范围内可以自行决定。副职作为组织或部门的"二把手"，是正职的"左膀右臂"，对组织和部门的发展具有不可或缺的关键作用。副职的角色定位主要表现在：协助"一把手"处理好各项工作；落实好"一把手"交代的各项任务；指导分管人员具体的操作细节和工作方法；做好自己本职工作和上级领导交办的其他事务；配合"一把手"建设好组织；积极地进行自我管理及环境管理。

除明确副职的角色之外，我们有必要来重点了解一下副职的类型有哪些，明确副职的类型，对于我们充分发挥副职的作用具有重要意义。

1. "钉子户型"副职

"钉子户型"副职，往往指在组织"二把手"的位置上任职多年，但一直没有晋升成为"一把手"的副职。这类副职具有的特点是：具有非常丰富的工作经验，熟悉部门或组织的各个流程与细节，对员工和领导的个性特质也非常了解；另外，也可能由于个人的职业追求，他们不愿意选择去另一个组织或另一个岗位，往往更倾向于"安于现状"。这类员工常见于参与过组织初创的元老人物，但在组织转型或发展的时候，由于自身能力或个人职业规划等因素，不愿意晋升或参与要求更高的工作任务。

2."不得志型"副职

"不得志型"副职，往往指由于个人格局、资历、时机等因素，一直没有晋升成功的一类副职。这类副职往往充满激情和工作热情，具有很强的工作能力和远大抱负，但由于个人的格局还未达到组织要求的战略高度，或者个人的工作资历较浅、工作资源不够，或者一直没有合适的机会"一展才能"，导致其"不得志"。这类副职往往更需要"一把手"给予一定的发展机会，在工作上展现其抱负和才能。

3."马屁精型"副职

"马屁精型"副职，往往指喜欢讨领导欢心，趁机上位谋取个人利益的职场"老江湖"类型的副职。这类副职往往具有较高的情商，会揣摩领导内心的想法，能敏锐洞察领导的动机和需求，说领导爱听的话，做领导喜欢的事。领导的标准也是他们的标准，领导的看法也是他们的看法。通常他们在这个岗位上，掌握的资源更加丰富，也能较好地贯彻执行领导的决策，但在工作方法和工作能力上需要给予客观看待和指导。

4."被上位型"副职

"被上位型"副职，往往指由于组织管理机制调整或临时岗位调整，符合资历条件的员工经调整安排成为副职。这类副职在原岗位有不错的表现，能力也较为出色。但通常缺乏工作经验，在工作思路和工作方法上依然沿用以往的经验，缺乏战略性统筹布局。这类副职往往需要充分的指导和培训学习。

三、正职与副职：认识差异

正职与副职由于职位角色的定位不同，在工作的各方面都有差异。正职与副职的沟通同样重要，正职主动与副职沟通，才能使副职了解自己的工作作风、工作计划、领导风格等，才能认识到相互之间的差异。正职要发挥好总揽全局、把握方向、组织领导、科学决策、十指弹琴的能力，注重营造团结和谐、健康向上的工作氛围。而副职作为"二把手"，也在组织管理中发挥着关键作用。

正确认识正职与副职之前的差异，是发挥和展示职位特色的基础。正职与副职之间的差异主要表现在以下几方面。

（一）职权差异

正职的职责是通盘考虑部门整体工作，充分发挥每个岗位的作用，并带头行动，攻坚克难。副职的职责是找准自己的定位，主动辅助正职做好有关工作。二者的岗位职责有较大差异。另外，正职的任命形式和掌握的人事权力与副职也存在一定程度的差异。因此在决策中，正职必须充分意识到副职岗位的重要性，有事多商量，要让副职了解部门的整体工作，参与部门决策，绝不能凡事一个人说了算。

（二）心理差异

作为组织的"一把手"，在心理层面上，会担心副职"位高权重"、抢正职风头、掌正职权力。因此，正职在心理上会对副职有一定的担心，在一定程度上也会制约副职的权力和升迁；而副职作为组织的"二把手"，会有向上发展、获得更高职位和权力的期望，在处理工作上希望正职尽量放权。

（三）资历差异

作为组织的正职和副职，二者在资历上往往也存在差异。正职往往在组织战略层面考虑问题和指导工作，具有较高的战略视野、较为丰富的资历和经验。副职通常负责执行具体的工作和指导分管下属，在组织的经营和管理上注重正职分配的各项工作任务，配合正职做好领导班子建设和组织建设；在资历上相对浅一些，对整个行业的战略性掌握一般不如正职经验丰富。

四、正职与副职：合作是金

在组织的日常管理中，发挥好正职和副职的作用，加强正职和副职的合作非常重要。副职分管的工作是全局工作的一部分。副职对正职负责，也就是对全局工作负责。在同一个班子中，正职与副职同坐一条船，可以说"一损俱损，一荣俱荣"。那么，正职应该如何发挥好副职的作用呢？

（一）主动关心，强化管理

作为正职，一方面在工作的进度和标准上要严格管理，对副职存在的缺点要及时指出和提醒，主动关心副职在工作和生活上的困难和问题；另一方面，正职要加强自我管理，提高自己的综合素质，培养过硬的专业素养，放低姿态，虚心学习副职的优点，同时要做到不越权、不越位、不缺位。

（二）相互尊重，充分授权

正职要正视与副职之间存在的差异，相互尊重，求同存异，共同致力于组织的发展，发挥"1+1＞2"的岗位效用。正职要充分信任副职，给副职一定的发展空间；把工作交给副职后，就应放手让副职大胆去做，对副职的工作及时给予支持和建议；要认为下属的发展对自己的工作也是有利的，要多给副职创造学习、深造、提高的机会，以发挥副职的更大作用。

（三）加强交流，创造机会

正职要处理协调组织内部的关系，做好领导班子建设和组织环境管理，促进横/纵向的团结。从横向关系上，要团结协作、同舟共济，处理好与副职的关系，促进领导班子的团结，力争成为良好的合作伙伴，积极营造高效愉悦的团队环境和工作氛围，提高团队的凝聚力。从纵向关系上，对下属要加强指导，给予支持和帮助，充分调动下属的积极性、主动性和创造性，加强与副职的合作与沟通，为副职积极创造成长的机会。

场景 10：亲信相处，如何管理

> 我老是在说一句话，亲人并不一定就是亲信。一个人你要跟他相处，日子久了，你觉得他的思路跟你一样是正面的，那你就应该可以信任他；你交给他的每一项重要工作，他都会做，这个人就可以做你的亲信。
>
> ——李嘉诚

亲信应该是管理者在事业上蓬勃发展、万事顺意、众星捧月、漂浮膨胀时的"冷却剂"；是管理者事业受挫、屡屡背运、众人奚落、情绪沮丧时的"暖水袋"；是兴盛时不卑不亢，遇挫时不离不弃，把组织看成是自己的家，把管理者看成是生命中可以信赖、可与其长期奋斗工作的人。

就像明君身边总有几个谏臣一样，管理者的身旁也需要几位"亲信"，但管理"亲信"并非一件易事。首先要正确识别"亲信"的类型；其次，要合理把握与"亲信"相处的距离；最后，在言行举止上要注意与"亲信"相处的方式。

一、角色分工，巧识亲信类型

社会是一个巨大的人际关系网，有关系便会有亲疏之别。不可否认的是，管理者身边总会有几位"亲信"。而"亲信"的类型繁多，他们在管理者的工作中扮演着不同的角色。

（一）"好兄弟"型

此类亲信拥有特殊的情义在里边，如一起创业共患难过，一起经历了酸甜苦辣，不是一天两天的交情。我们从柳传志与杨元庆、朱立南的关系中就能看到这一点。业内有人说柳传志与杨元庆的关系如同父子，而柳传志与朱立南的关系则亦师亦友，不完全是上下级的隶属关系。柳传志称杨元庆"已经是我生命中的一部分"，愿将自己的"女儿"联想集团交给"能干的女婿"杨元庆。朱立南自己也承认，他与柳传志在气质上有一些共通之处，柳传志对他而言，更像是一位兄长和朋友。有故事就有相知，没有相知，也就很难有信任；有故事就有感情，没有感情，也就很难有亲近。

（二）"智囊团"型

"听多数人的意见，和少数人商量，一个人说了算"，这句话揭示了大多数管理者决策的秘密。"智囊团"型亲信就似《三国演义》中的诸葛亮、《水浒传》中的吴用，身具才能、居之幕后，为管理者出谋划策。当管理者遇到重大问题犹豫不决时，就会与亲信商议，亲信也会帮助管理者分析利弊，辅助管理者做出决策。可以说，亲信对于组织管理者的重大决策有着巨大的影响力。当然最后做决定的还是管理者，但他们可以提醒管理者时刻保持清醒的头脑，始终以组织利益最大化为主。

（三）"传声筒"型

顾名思义，这类亲信就像传声筒，能够及时将基层员工关于工作的意见和建议向上反馈给管理者，令管理者清楚了解基层员工的心声，以便掌握情况从而更好地激励员工工作。当然，"传声筒"是双面的，他（她）也可将管理者的心思揣摩出来并告诉员工。管理者亦可借其口转达一些想让员工知道而自己又不方便直言的话语。此类亲信一般是中层管理者，在高层管理者面前能够说上话，在基层员工面前也有一定的威信。

（四）"先锋队"型

"先锋队"型亲信具有极大的奉献精神，他们以身作则，在碰到管理者的决策触犯自身利益时会以大局为重，为众人率先做出榜样；在遇到组织转型需要改变时会挺身而出，愿做第一个"吃螃蟹的人"；他们对管理者甚是忠心，拥护管理者做出的决定并为管理者冲锋陷阵。

管理者处事风格迥异，其亲信种类自然也大不相同。但无论如何，管理者需要有亲信，更要懂得如何培养亲信。

二、远近距离，分寸掌握有度

所谓亲信即亲近、信任之人。在人员管理的过程中，管理者一定会有自己比较信任的人，也就是所谓的亲信，这既是一个不争的事实，又是一个必然的选择。一个管理者没有自己的亲信是可怕的，但这个"亲信"又不能太过亲近。

（一）亲信之人，未必亲近

刘邦在与樊哙的关系处理上显然深知此理。他们俩是"一担挑"，又是同乡，刘邦让樊哙担任保镖就是出于这种关系的考虑。刘邦是一个容易"撒疯"的人，尤其是酒喝多了的时候爱唱两句"大风歌"，有时满口脏话，没个正形。可是，跟在他身边的樊哙却不敢越雷池一步，从未发生过敢当面与刘邦对着干或发疯的事情，最多有时候发点小牢骚，希望引起刘邦的关注。刘邦是个表面行为粗糙却很在意别人行为的人，一旦樊哙有点蠢蠢欲动的过分行为时，他就会给予颜色。诚然，樊哙确是刘邦的亲信，但刘邦与他并未有想象中的亲近。

人心多变，在未确定亲信具体心意之前，纵是万分信任，该有的分寸还是要把握，该留的余地还是要留。

（二）亲信相处，距离生美

无论是历史上还是现实中，在人员管理过程中，就算有过命的交情，就算是掏心窝子的兄弟，就算是亲兄弟和夫妻，在工作状态中也要保持一定的距离，也要讲究说话方式和行为方式；该说的说，不该说的不说，不能什么都跟对方讲，不能什么都不避讳。作为管理者，就是要把握好分寸，该给的信任要给，该有的界限也要有。

俗话说：仆人眼里无伟人，熟人眼里无领袖。过近的距离不但达不到理想的效果，而且很有可能会起反作用。与亲信相处，距离产生美，"信任十分，亲近八分"才是王道。

三、与亲信沟通，言行皆是学问

管理亲信是一门艺术，既不能与之太过亲近令其恃宠而骄，也不能较为平常使之感受不到受重用。如何能从言行中令亲信倍感信任却又心存敬畏，着实是门难修的课程。

（一）多一"度"或成问题

组织里的亲信可能是董事会成员、财务总监、销售总监、人力资源总监及某个主要事业部的负责人，不一而足。他们或许不是我们最亲近的人，却一定是我们信任的人。面对这些深得我们信任的人，在言语及行为的处理上就存在着一个"度"，这个度其实很难把握。

例如，管理者对亲信过于倚重，很可能会让其恃宠而骄、不遵守规章制度，并发生结党营私、假公济私等现象；在人事管理上，管理者无法以公平的态度管理员工，会造成赏罚不公、考核不公等情况。如果这些问题不断累积，管理者又未能及时妥善处理，就会使部门中的亲信与非亲信之间产生积怨，甚至发生冲突。这些因对亲信管理不当所形成的问题，不仅会消耗员工的精力，还会让管理者的声誉受损，丧失公信力。

案例 10-1

处理不公失威信

小王与小静是同批进入公司的"老人"。在工作 5 年间，小王因处事圆滑、做事踏实而备受领导关注，再加上与领导是老乡，很快便成了领导的亲信。然而，小王因深受领导重用便有些趾高气扬，总是感觉高人一等。他总是指挥小静做这做那，还说是领导让做的。领导对于此事也是睁一只眼闭一只眼，放任不管。不久，便引起了波澜。小王在处理一个合同时犯了重大失误，他却想浑水摸鱼，将责任推给小静。小静必然不服，跑到领导面前理论。此事在公司闹得沸沸扬扬，领导见此便下令彻查，最终发现是小王的过错。领导深感自己平日对小王太过亲近而令其瞒天过海，犯下错误却不承认。后来，领导将小王降职调到别处。

虽然这件事情最终真相大白，可领导在下属心目中的形象却因此受到了损害。

（资料来源：笔者根据相关资料整理）

以上案例告诉我们，作为管理者，在对待亲信时要"持身公正"，不可过度放纵。只有掌握好度，才能既令亲信对管理者一直保持敬畏之心，同时又保持着亲近之意，不致疏远，维护着情感。

（二）"一碗水"端平不易

任何一个集体中，尽管掌握权力或资源的人总说要"一碗水端平"，但似乎这个碗总也端不平，总有个别人更得宠。仔细一想，这种现象是普遍存在的，可以说是"有人的地方就有江湖，就有一碗水端不平"。

俗话说"皇帝爱长子，百姓爱幺儿"，无疑自有其道理。身在职场，有些人可能发现，和自己同时入职的小伙伴更得上司赏识、信任和支持，承担了更多的关键任务，顺理成章地升职加薪。于是，在感慨自己正在被同龄人"抛弃"的同时，开始抱怨上司偏心，心生"羡慕嫉妒恨"，最终工作干劲和业绩都出现了滑坡。当然，也有些人认为员工本来就分为英才和庸才，管理者的区别对待可以理解。

其实，对于管理者来说，比起普通下属员工，他们肯定会对亲信更为器重，"这碗水"难免有端不平的时候。

管理者必须平衡好一视同仁和区别对待的关系。一视同仁也好，区别对待也罢，出发点应该是为了实现组织目标，唯此才能把看似矛盾的管理行为统一到组织利益层面。

一视同仁意味着管理者对待下属要公正，不偏不倚，为下属创造公平竞争的机会，尽量减少亲信和非亲信的差别，更要戒除偏私偏信的"小圈子"。区别对待意味着管理者并不必然要"一碗水端平"，而应该突破平均主义传统理念的束缚，不畏惧对下属进行差异化的管理，尤其要将区别对待下属的标准进行合理化和透明化，把关键任务分给最有能力的骨干，把信任留给忠于组织的核心下属，依照下属的工作能力或贡献水平合理分配奖励。

总之，在与亲信相处时，管理者应该掌握如下巧技能（如巧技能 10-1 所示）。

巧技能10-1

严要求，高标准	在公事上对待亲信要用比对他人更严的要求，在众人面前树立一个典范，从而建立威信，彰显公平
恰当的人文关怀	私下相处时，像朋友般关心亲信的情绪变化、家庭情况等，适当的聊天可以减少距离感
亲近中略带威严	在言语及行为上不可太过随意，亲昵中要带有防备，必要时要"不经意"提点对方，令其不至于太过放肆而忘记身份
奖惩适时适量	抓住亲信的心理弱点，在其因某些特殊原因受到连累后及时安抚，给予精神与物质双重奖励

场景 11:"影子员工",如何管理

> 为人处事,态度第一。重视"背后的人",才能抓住"隐藏的机会"。
>
> ——本书作者

也许很多人一看到题目,并不理解什么是"影子员工"。这是一种形象的提法。简单来说,"影子员工"通常指的是那些不在其位却对位子上的人有影响甚至重要影响的人。他们有的在组织中,有的在组织外,有的是管理者的家人,有的是管理者完全不认识的人……以往说隔墙有耳,在信息时代尤其是自媒体时代,可以说管理者面临的是"随处有耳"的状况,不会沟通巧技能几乎寸步难行。

一、"影子员工",影响勿小觑

每家组织或多或少都会存在"影子员工",他们的影响是不可忽视的。当然,春有百花,人有百样,"影子员工"也有不同的类型。

(一)组织或部门的原管理者

这类"影子员工"是很常见的。我们经常会看到,新上任的管理者或出于尊重,或出于组织或部门的原管理者仍存的威力与影响力,或出于缺乏经验,每遇到重要的决策便会去征求组织或部门的原管理者的意见。这些组织或部门的原管理者仍然对组织的决定有着至关重

要的作用及影响力。

历史上皇位的更替无不伴随着血雨腥风，杀伐戮战，屈指可数的几次帝王禅位也大都是出于形势所迫，并非自愿。然而清朝的唯一一次禅位却是在和平中进行的。

案例 11-1

乾隆的"皇帝禅位"

乾隆六十年九月初三，乾隆皇帝正式宣布皇十五子永琰为皇太子并禅位于他，第二年为嘉庆元年。可是，他的太上皇当得没有半点退休的样子，每天该上朝就上朝，该发号施令就发号施令，让嘉庆皇帝当了三年有名无实的傀儡皇帝。

史书有这样一段记载，有一次乾隆处理政务，嘉庆就在旁边坐着，一句话都不敢说。只有乾隆笑的时候他才陪着笑一下，要知道，这个时候的嘉庆已经是皇帝了。

（资料来源：笔者根据相关资料整理）

很明显，乾隆就是掌握实权的"影子员工"，已经没了"皇帝"的头衔却把持着朝政，享受着万人之上的尊荣。

（二）无头衔的负责人

组织中可能会存在这样一批人：他们负责很多重要的事情，管理者却没有给他们赋予明确职位。但大家都清楚，如果是办这些事情就要去找他们，从而形成了共识。"影子"，是摸不到的虚幻的东西，却是切切实实可以看到的。正如这些员工，也许没有对应的职位，却实实在在能够办事发挥作用。

（三）隐藏的家庭成员

顾名思义，这类"影子员工"指管理者的家人，包括配偶、孩子、亲戚等。管理者若遇到事情需要解决时，了解内情的家庭成员很有可能会帮他出谋划策。不要小看"影子员工"，事实证明，向枕边人"吹吹风"还是很有效的。相比组织中的员工，管理者可能更信任此类"影子员工"，更会在不知不觉中被其影响。

案例 11-2

长孙皇后的"枕边风"

据说有一次，魏征在上朝的时候，跟唐太宗争得面红耳赤。唐太宗实在听不下去，想要发作，又怕在大臣面前丢了自己接受意见的好名声，只好勉强忍住。退朝以后，他憋了一肚子气回到内宫，见了他的妻子长孙皇后，气冲冲地说："总有一天，我要杀死这个乡巴佬！"长孙皇后很少见唐太宗发那么大的火，问他说："不知道陛下想杀哪一个？"唐太宗说："还不是那个魏征！他总是当着大家的面让我难堪，叫我实在忍受不了！"长孙皇后听了，一声不吭，回到自己的内室，换了一套朝见的礼服，向唐太宗下拜。唐太宗惊奇地问道："你这是干什么？" 长孙皇后说："我听说英明的天子才有正直的大臣，现在魏征这样正直，正说明陛下的英明，我怎么能不向陛下祝贺呢！"这一番话就像一盆清凉的水，把唐太宗满腔怒火浇灭了。

（资料来源：笔者根据相关资料整理）

无疑，长孙皇后就是那个"影子员工"，虽然古代有着"后宫不得干政"的规定，长孙皇后亦未入朝为官，但她的话却着实影响了唐太宗的决策。因为长孙皇后的劝阻，魏征得以逃过一死，可见"影子员工"的影响之大。他们的一言一行可能都影响着管理者的判断。

二、"隔墙有耳"，三思而后行

在影子员工面前，该有的尊重和礼数一个都不能少，绝不可因其不在岗位上而掉以轻心。

（一）隔墙有耳，言多必失

隔墙有耳是大部分职场中人难以回避的问题，同时也折射出人性的特点。在职场上，很有可能有人为了晋升或是其他原因甘做管理者的"耳朵"；也有人可能就是隐藏在我们身边的"影子员工"。所以我们在他人面前一定要谨言慎行。

当我们以为周围是安全的、可以放心将心中话讲出时，一定要谨记"隔墙有耳"。也许抱怨某位领导的言语就会通过周围的同事传至领导耳朵。"隔墙"尚且潜伏着危机，更不要说没"墙"了。无墙的情况下，话说出前更要三思，因为周围都是耳朵。什么能说，什么不能说，心中必须有一把明尺，管得住嘴，才能经得住考验。

与人沟通要分地点、场合，更不能随便议论别人的隐私和秘密。在公众场合要懂得尊重别人，说话要有礼貌，注意分寸，多给他人适当的赞美。

（二）举止有度，遇事斟酌而动

处理事情有条不紊、考虑问题全面周到是身为管理者必需的才能。在日常工作中面对"影子员工"，要采用与其他普通员工不同的交往方式。

1. 新官上任，要谦虚学习

新上任的管理者，对周围环境肯定没有老领导熟悉。此时，管理者要多去与退休的老干部交流，虚心求取管理经验，既可以表明自己谦逊好学的态度，又可以快速掌握公司的内部情况。尤其是遇到重大决策，多一个人谋划总是好的。

巧技能术语

"您在岗这么多年，一定对管理颇有心得。我初来乍到，对环境不够熟悉，还要多麻烦您不时提点一下！"

"遇到这些重大决策，我虽有想法但是经验不够，仍想请您把把关。"

---

2. 人员选拔，多听意见

如果遇到组织选拔人才，那些"无头衔的负责人"自然是很好的人选。他们处理相关工作多年，实力、经验、威信兼具，也可令众人信服。如果因为某些原因实在不能担任，管理者也应多向这些人"取经"。

巧技能术语

"您的能力是有目共睹的，这职位非您莫属！"

"您负责相关工作多年，自然比我了解。您看是否有能胜任该职位的人推荐？"

三、自媒体时代，沟通无小事

当今社会，互联网无处不在。人们通过手机、电脑等通信工具沉浸在快乐的交流中。似乎脱离互联网，就像人离开了空气会感到窒息而无法生存，生活将变得无所适从，工作将变得不知所措，学习将变得枯燥无味。人们对互联网的依赖还有进一步加强的趋势。

互联网在组织的管理工作中得到了迅猛发展和充分应用，给组织内部管理沟通的方式、内容、效率带来了巨大的变化。员工可以通过电子邮件和内部网络了解企业的产品及策略。管理者也可以在遇到重要决定或突发事件时通过电子邮件和即时通信工具与全体员工沟通。总之，互联网可以使员工跨越时空的界限，以更加便捷的方式进行交流。

但是，互联网在方便人们沟通的同时也存在消极的一面，给沟通带来了一些困境。互联网将"影子员工"沟通问题进一步泛化。

（1）互联网沟通减少了面对面交流的机会。工作中对互联网的依赖减少了同事之间面对面直接互动的交流机会。许多创业型企业或IT企业员工离职率居高不下，其中一个共同的重要原因就是大家抱怨高层管理者对组织与员工的重视程度远远不够。这主要是因为高层管理者与员工缺乏面对面交流沟通而导致的。

（2）互联网沟通的真实性和互动性差，降低了人们口头和肢体语言沟通的效果，无法准确传递表情、神态、目光、接触、语气、声音、面色等非语言信息。大多数组织的90后、00后员工喜欢社交，过分依赖互联网会导致员工工作满意度的降低，无法满足组织员工的归属需要。

（3）以互联网为媒介的非正式组织难以监督。互联网技术为流言蜚语的快速传播提供了方便，给组织思想管理和危机处理带来诸多不便，其消极影响不可小觑。

（4）微信、微博的使用更是存在着隐患危机。也许在朋友圈发布的不经意的谈论就会传到影子员工耳中。若是其中涉及"抱怨和不满"，就更要小心了。互联网时代，一切都是"透明"的。

案例 11-3

朋友圈的那些事儿

小刘是个 80 后，性格活泼，做事可靠负责。他平日里喜欢玩微信、微博，经常在上面晒一些旅游或是各种美食的照片。正好这次领导让他去外地出差完成一个项目，为时 5 天。这是一个好差事，完成任务之后还可以在当地游玩一下，想想都开心。于是他用 3 天完成了工作，剩下 2 天好好地欣赏了一下当地美景，品尝了当地美食。像平常一样，他照例将照片在微信上发了朋友圈。不巧，领导也在他的朋友圈中。平时下班或是放假发些这类照片无可厚非，但是现在可是工作期间，公司是让你去工作、谈项目的，而不是旅游的。这件事令小刘在领导心中形成了一个很不好的印象，认为他对待工作不够认真，利用工作之便做私事。因此，小刘错过了"年度最佳员工"的选拔。

（资料来源：笔者根据相关资料整理）

朋友圈可以说"潜伏"着很多影子员工。只因为发朋友圈这件小事就令领导对小刘的印象大打折扣，所以说平日里一定要谨慎使用这些便捷的互联网沟通工具。下面我们总结了使用这些互联网沟通工具的巧技能，如巧技能 11-1 所示。

◆◆◆ **巧技能 11-1**

发不发	建议要发，但不要过于频繁，一周三四个即可； 过多暴露私人领域会淡化角色，但自我坦诚有利于增进了解
发什么	与所学专业、个人标签、所在工作领域相关的内容； 充满正能量，有品位、有价值、有联系、有思考的内容，不带有敏感话题
什么时间发	工作日晚上或周末，不占用上班时间，时间把握很重要
切记	尽量不要屏蔽别人；不过多呈现个人隐私； 不随意发与领导的合照；不随意转发别人观点；不要带有错别字

在积极利用互联网进行管理沟通的同时，更应意识到面对面沟通的重要性。自媒体面前，沟通无小事。为了组织效率的提升，为了部门员工间的和谐氛围，为了凸显领导对下属的关怀，只有真正把沟通当做重点去学习，才可脱离因沟通不顺带来的困境。

综上所述，在与影子员工相处时，应该掌握以下巧技能（如巧技能 11-2 所示）。

巧技能 11-2

态度第一	无论是对待退休领导还是对待一般同事，态度甚为重要。要让对方体会到存在感与尊重感
言行有礼	注意交往过程中切忌过分奉承、谄媚，有礼即可。这样身份的人多半是看多了"世间风雨"，以诚相待最好
珍惜被利用的机会	也许影子员工会让我们帮忙做一些事，请认真对待，因为这很可能带来难得的交流或展示机会
展现自己的不可替代性	在合适的场合向其展现自己独特的能力，令其认可自己、欣赏自己

场景 12：上司安插"眼线"，如何对待

> 让上司对你的动态了如指掌，他放心，你舒心。
>
> ——本书作者

在办公室里总有一些人老老实实上班做事，也有一些人喜欢给上司逢迎拍马，更有一些人动不动就爱向上司打小报告。这种爱打小报告的人当然是最让同事讨厌的，但是大家敢怒不敢言，为什么？因为不知道从什么时候开始，那个人早已成了上司安插在办公室里的"眼线"。其实"眼线"并不可怕，只要沟通得当，"眼线"反而能够成为我们前进路上的助推器。首先，应该明确"眼线"的类型；其次，客观了解安插"眼线"的原因和目的；再次，要重视沟通交流工作；最后，不管是对待自己安插在下属身边的"眼线"，还是上司安插在自己身边的"眼线"，都需要"巧妙"沟通。

一、知晓"眼线"类型，"眼线"不可怕

"眼线"，顾名思义，他们做了上司的"眼睛"，帮助上司看到平日里看不到的情况，从而加强上司对下属情况的掌握。

很多人一提到"眼线"，就没有什么好印象，脑海中会浮现出一幅"眼线向上司打小报告"的画面。其实，我们对此有误解。"眼线"，虽然是向上司通风报信的人，却也没有想象的可怕。上司的"眼线"

一般有以下几种类型。

（一）副手型

这类"眼线"一般担任着某个部门的副手，他们主要的任务是帮助上司监督部门"一把手"的工作。"眼线"时刻关注着部门"一把手"的动态并及时汇报给上司。像财务、研发等比较重要的部门，部门"一把手"一定是可靠且深受上司信任的人担任。尽管信任，但也不排除上司再加一道"防范"。

（二）普通员工型

这类"眼线"一般就是俗称的"小人物"。他们混迹于普通员工中，不担任多么重要的职位，有些看上去并不起眼，平常也看不出和上司有多亲近的关系，但实质是上司安插的"眼线"。他们主要负责帮助上司了解员工的心声，看看员工对组织的哪些情况存在不满，若是组织内部发生了一些没有传到上司耳中的事情，也可及时汇报给上司。

（三）空降型

一般空降下来的员工都和上司有着不浅的关系，或是上司亲近的人，又或是备受上司赏识与信任的人。无论是哪种，因为与上司接触多，会在交往中有意无意地传递一些消息。上司想要更好地掌握组织的情况，势必要有"潜伏"于员工中的人，这类"眼线"是帮助上司加深对组织了解的助手。其实，这种类型与普通员工型颇为相似，只不过是来源不同，一个是空降的，另外一个则是在员工内部寻找的。

每位"眼线"在组织中扮演的角色都不一样，但最后的目标大致相同：为了上司能够更好地掌控组织。

上司安插"眼线"是为了更好地掌握组织情况及员工行为，如果我们将一切明明白白地呈现在上司面前，令上司认为我们是其可掌控的人，不是很好吗？对于可掌控的人，上司愿意给予其信任；反之，上司只会渐渐疏远。如果我们工作勤勤恳恳，对组织和上司一片忠诚，"眼线"的存在不正好是我们向上司表忠心的"助推器"吗？"眼线"会将看到的一切如实汇报给上司，这样一来，我们的才能和努力可以及时展现在上司面前，有益于晋升或加薪。

在与"眼线"相处的过程中，不要过分在意他的身份，将其视为普通的同事即可。言语上注意分寸是必要的，但无须刻意隐瞒一些事情。无论与谁相处，坦诚都很重要。我们若友好，他自将释放善意，决不会有意为难。关键是要做好自己，不要因为上司安插"眼线"就心生隔阂。

二、辨清目的，缘何安插眼线

由于上司安插眼线的目的不同，因此眼线负责的任务也就不尽相同。有些上司安插眼线是为了更好地掌握员工的办事能力及工作效率，以便于评估员工的绩效；有些是为了及时了解组织内部发生的各种事情，无论是员工之间的还是员工与上司之间的；有的上司想知道自己在员工心目中的形象，也可从这种途径知晓一些；有些上司将"眼线"安插在担任重要职务的员工身边，是为了起到监督的作用。

其实，接收各种小报告并非是上司的初衷，上司安插"眼线"的主要原因是出于自我管控的不确定性。如果上司不能从员工处直接得到真实的反馈，那么就不得不借助其他渠道进行了解，来印证对制度的理解、对人的评判。在上司对某些员工产生了不信任感，明示或暗示没有结果的时候，也会安插一个自己人进行监督、汇报。

总之，上司安插"眼线"有着多重目的，或是从组织的利益出发以便更好地了解与管理员工，或是源于私心从而维护自己的工作地位。无论如何，只要自己足够优秀，持身中正，又何须费尽心思猜测上司安插"眼线"的目的呢？

三、重视交流，建立沟通系统

两个人交流时，其实是 6 个人在交流：我以为的我、我以为的他、真正的我；他以为的他、他以为的我、真正的他。可见，这里边会有多少误会？我们总在和"我以为的他"交流，是否知道"真正的他"的想法？

多数情况下，上司都是在和"自己眼中的员工"沟通，并不了解员工的真正想法，对员工的"把握"便存在不确定性，因此需要安插"眼线"；而员工也总是在和"自己以为的上司"交谈，摸不清上司的真实意图，因此抗拒"眼线"的安插，认为这是上司不信任的表现。

这一切均是源于"沟通"二字。沟通不到位、不够系统就可能会造成各种各样的问题。

案例 12-1

孔子与颜回

《吕氏春秋》里有一段，讲孔子周游列国，曾因兵荒马乱，旅途困顿，三餐以野菜果腹，大家七日没吃下一粒米饭。

一天，颜回好不容易要到了一些白米煮饭，饭快煮熟时，孔子看到颜回掀起锅盖，抓些白饭往嘴里塞，孔子当时装作没看见，也不去责问。

饭煮好后，颜回请孔子进食，孔子假装若有所思地说："我刚才梦到祖先来找我，我想把干净的、还没人吃过的米饭，先拿来祭祖先吧!"

颜回顿时慌张起来说："不可以的，这锅饭我已先吃一口了，不可以祭祖先了。"

孔子问："为什么?"

颜回涨红脸，嗫嗫地说："刚才在煮饭时，不小心掉了些染灰在锅里，染灰的白饭丢了太可惜，只好抓起来先吃了，我不是故意把饭吃了。"

孔子听了，恍然大悟，对自己的观察错误感到愧疚，抱歉地说："我平常对颜回已最信任，但仍然还会怀疑他……大家记下这件事，要了解一个人，还真是不容易啊!"所谓知人难，相知相惜更难。逢事必从上下、左右、前后各个角度来认识辨知，我们主观地了解观察，只是真相的千分之一，单一角度判断，是不能达到全方位的观照的!

（资料来源：笔者根据相关资料整理）

连孔子也会因沟通不够对自己最信任的弟子起疑心，更何况我们呢? 当我们要对一个人下结论的时候，想一想：我所看到的是事实吗? 还是我只从一个面、一个点去观察一个人呢?

这样一想，上司将"眼线"安插在员工身边也就不足为奇了。上司需要时刻了解员工的动态以便掌握组织的情况，便于管理。上司也担心自己只看到员工的一面，而对其产生错误的评价。

所以我们讲"沟通快三分"，绝大多数问题都是由于沟通不畅造成的。当上司与员工间真能达到一种相知的程度，估计就可以减少"眼线"的出现了。所以我们应学会与上司沟通、与同事沟通、与自己沟通。

对管理者来说，任何问题只要相互沟通到位就能解决掉 80%甚至 90%。管理的本质就是追从和服从的过程，管理者如果想保持高的支持率，必须与员工保持良好的沟通。专家统计，如果管理者的支持率低于 60%，就很危险；如果低于 50%，就属于不合格的管理者。要想提高管理者在群众中的威信，沟通是第一位的，并且沟通还起到了吸取下属合力智慧的作用。

加强沟通并没有使管理者付出什么代价，反而有利于管理者和员工认识的提高，还能使双方达成共识。所以，管理者和员工之间要进行双向性的沟通和明确性的沟通，以减少因安插"眼线"而形成的隔阂。管理者要善于倾听员工的心声，只有这样才能促进事业的发展。

四、角色不同，对"眼线"要区别对待

（一）作为管理者：信任自己安插的"眼线"

被选中的"眼线"一定是管理者信任的人，而且具备一定的社交能力。管理者更希望从"眼线"口中得到一些新鲜消息。"眼线"如果做得不好，就会既得不到管理者的认可又得罪了同事。也许一时会得到管理者的赏识，但若被同事看穿，失去身边同事的信任，被边缘化后会失去"眼线"的功用。毕竟谁都不愿意职场桌位后面有"埋伏"，身边有双时刻盯着自己的眼睛。

信任其实很微妙。要建立信任需要花很长的时间，但是要想摧毁它，却非常容易。只需一个别人看起来不可靠的行为，哪怕只是一件小事，那个人就会不再信任你了。管理者对自己安插的"眼线"要有足够的信任，本来"眼线"就容易受到身边同事的排斥，如果连管理者也不信任他，那他可真是无法立足了。

案例 12-2

选择相信而非怀疑

有一个年轻人，好不容易获得了一份销售工作，勤勤恳恳干了大半年。领导欣赏他的工作态度，认可他的工作能力，于是提拔他当了

经理，并私下嘱咐他多注意小组里的同事和其他经理，帮忙"反馈"一下业务能力和工作情况。然而，这件事不知道怎么让其他的员工知道了，大家总感觉受到了监视，别的小组经理也因此心生不满，便联合起来对付这个年轻人。之后的一段时间内，这位年轻人经手的几个大项目接连失败。而他的同事，个个都干出了成绩。有好事者到领导面前告密，污蔑这位年轻人仗着领导的信任一手遮天，故意将项目搞砸从而让竞争对手获利并从中收受回扣。

最初，领导确实对在员工间安插的这位"眼线"产生了怀疑，毕竟商场上经常会出现"眼线"依靠信任诋毁同事、出卖公司的情况，但是很快领导就打消了怀疑。领导想，这是自己选的人，要对年轻人保持信任。因为，员工眼红眼线、挑拨领导与眼线关系的情况也不少见。

又过了半年，这位年轻人走进了老总的办公室。这一次他是轻松的，他已经连续4个月在公司销售排行榜中高居榜首，成了当之无愧的业务骨干。原来，年轻人虽然承担着眼线的职责，却从未因私而随意说别人坏话，每次都是很公平公正地汇报情况，其他同事渐渐也对其产生好感，不再针对和排斥他了。

年轻人向领导问起之前的事，说到自己之前备受排挤，幸好有领导信任他。"因为，我比你更不甘心。"领导的回答完全出乎年轻人的意料。领导解释道："我深信，既然你能在工作中得到我的认可，就证明你有足够的能力，品格也绝对不会有问题。我不会看错人，既然选择你，就一定会相信你。你缺少的只是机会和时间。与其说我对你仍有信心，倒不如說我對自己仍有信心。我相信我沒有用錯人。"

（資料來源：筆者根據相關資料整理）

案例中正是管理者的信任才使得安插在員工間的這名"眼線"沒有在同事的擠壓中離開，不僅幫助管理者了解了組織的情況，還成為一名銷售能手，真是一舉兩得。

在組織管理中，信任是最重要的工作，管理者對於"眼線"要給予足夠的信任。信任能讓"眼線"感到被肯定，從而更加賣力地為管理者"效命"。當然，如果管理者對每位員工都是真的信任，有些"眼線"是可以不用安插的。

（二）作為下屬：正視上司安插的眼線

很多員工排斥眼線的存在，但是如果真的不幸，被上司"盯上"了，不要慌張。做人做事要問心無愧，努力幹好自己的工作，少發牢騷。因為我們無法杜絕上司安插"眼線"的行為，上司不了解下面的情況也不踏實。說出來的話、做出來的事情永遠不針對某人，是非自然會遠離自己。

1. 快樂開展"陽光工程"

讓所有的一切都能平鋪在陽光下，接受大家的檢驗，絕不存在任何不光明磊落的行為，這便是"陽光工程"。

人生處處充滿誘惑，能夠堅持初心、抵制誘惑並非易事。工作上在其位謀其政，不做越權之事，不做觸及原則、處於灰色邊界的事。

把握好自己是比打败竞争对手更为重要的事。

电视剧《杜拉拉升职记》中有这样一段内容令人印象深刻：DB公司忙于办公室整修，需要从外面采购一批办公用具，此事由杜拉拉所在的行政部门负责。在与三家供应公司洽谈事项时，曾有一家公司经理提出，如果选择与他们合作，杜拉拉可以从中拿到 3%的回扣，这不是一笔小数目。然而，杜拉拉果断拒绝了。但是，事情的另一面是，这家供应公司的副经理找到了杜拉拉的直线上司——行政主管Rose，并许以丰厚的回报，Rose 便同意将合同交给他们。这种事情是藏不住的，总有一天会曝光于大众面前。终于，在 DB 公司进行部门审计时查出了账上的问题，随后 Rose 引咎辞职。

这个故事告诉大家，无论是在工作中还是在生活中，我们都要做在阳光下可接受检验的事，不求大富大贵，但求无愧于心。也许有人抱着侥幸的心态以为可以瞒天过海，有这种想法实在幼稚，要知道纸是包不住火的，黑暗下的交易始终经不起检验。

2. 如何当好上司心腹

与其每天提心吊胆，担心着上司安插的眼线都会汇报什么，不如选择当好上司的心腹。

若想成为上司的心腹并做好上司的心腹，至少要做到以下几点。

（1）让上司对我们的动态了如指掌，别背着他干事，积累我们对他的影响力，让他放心授权。

（2）平时接触的机会越少，犯错误的成本就会相对越高。

（3）在上司面前透明度越高，上司对我们就会越放心，允许我们犯错误的弹性和授权空间也越大。

（4）越是上司的心腹爱将，越需要主动让上司了解自己，因为每一次接触都是上司定义我们的时候。

（5）成为上司心腹后别急着往上爬，安于本职工作，不要让上司产生威胁感。

（6）成为上司的心腹后，千万不要受宠若惊以至于什么事都做。如果做得过多，恐怕自己也就不再"安全"了。在一些涉及重大机密的工作面前，不妨往后退一退，把这个"机会"让给别人。

（7）把握好度，要明白什么事只说不做、什么事只做不说、什么事不说也不做、什么事既要说还要做。

场景 13：面对内行，如何指挥

> "夫运筹帷幄之中，决胜千里之外，吾不如子房；镇国家，抚百姓，给馈饷，不绝粮道，吾不如萧何；连百万之众，战必胜，攻必取，吾不如韩信。三者皆人杰，吾能用之，此吾所以取天下者也"。
>
> ——刘邦

　　职场中有关"外行管理者和内行员工"的冲突事件屡见不鲜。作为员工，最担心的就是外行管理者瞎指挥，帮不上忙还添乱；而作为管理者，既要管理、监督员工的工作情况，又要捍卫自己的权威，不能完全放任员工，有必要在某种程度上和某些事情上对内行员工进行指挥。双方一旦沟通不当，就有可能发生冲突。而要避免冲突，首先就要正确认识彼此的"内"和"外"，在此基础上，灵活运用指挥沟通的巧技能，实现双赢的局面。

一、外行内行冲突不断

　　我们通常所说的"行"，是指行业知识、专业技术知识。"内行"往往是指对某种工作或技术有丰富经验的人，而"外行"往往是指对某种事情、工作不懂或缺乏经验的人。古人有言"隔行如隔山"，可见行业之间的差别，往往会带来人们对专业事务认识的巨大差异。外行与内行之间的"不理解"，也往往导致了两者之间的冲突与矛盾，主要表现在以下几方面。

（一）不精通技术却管太多

一个组织既需要能够"管人理事"的管理者，又需要懂专业技术的人才。但在现实中，精通管理的人往往在技术上不够精通，而对技术精通的人往往缺乏管理上的专业性和科学性。因此，外行与内行经常会在技术问题上发生一些冲突，如一些不精通专业技术的管理者总是去指导一些专业技术操作层面的工作，不切实际的指挥往往会引起技术员工的反感或抵抗。

（二）不熟悉业务却爱指挥

管理者新到一个组织或部门，在短时间内会存在对组织或部门业务不熟悉的问题，成为"外行"；而组织或部门的员工由于长期从事相关领域的工作，业务熟悉，经验丰富，即为"内行"。如果新上任的管理者在没有熟悉业务的情况下，对工作急于指导，就会出现瞎指挥、乱指挥的情况，进而导致外行与内行的冲突。

（三）不了解员工却乱分配

"外行"管理者轮岗或"空降"到一个新的业务部门时，通常在短时间内很难深入了解每位员工的详细情况、知晓他们内心真实的想法。而"内行"员工也往往会对新上任的管理者持一种敬畏的态度，在不熟悉的情况下也很难表达内心的真实想法。如果管理者对人"无限发挥"（管理者不了解员工实际情况，出现工作分配与人员职责不匹配的情况），就很容易造成"外行"管理者与行"内行"员工的矛盾与冲突。

（四）不清楚项目却尽添乱

"外行"管理者较"内行"员工而言，对某些项目的了解往往是宏观层面的；而"内行"员工往往更加清楚项目的细节和具体流程。在具体项目上，"外行"与"内行"的冲突主要表现为，"外行"管理者在不了解项目具体进展的情况下，对员工和项目进行"一刀切"式评价或对项目进行临时调整等。

二、外行有"内"，内行有"外"

俗话说"内行看门道，外行看热闹"，意思是说内行人看事情是看方法、看本质，外行人看事情只能看看外表，看看热闹。"内行"员工往往被称作行业的"老鸟"，"外行"总是被称作"门外汉"。但不管是"内行"还是"外行"，都有其过人之处和不足之处，因此要辩证地来看待"内"和"外"。

案例 13-1

外行管理者遇到内行员工

小梦是一家公司某部门里的一位业绩总排在前列的员工。有一次，她发现在自己负责的这一板块中，有一个流程可以优化改进，这样可以明显提高效率。于是她向自己的主管提出了自己的建议。主管认为目前的操作和流程都挺好，不需要再花时间和精力来换一个新的流程。

于是小梦又来到部门经理的办公室，并提出了自己的建议，部门经理反而认为她多管闲事、不认真工作。有一天，小梦私自违反工作流程，按着自己的想法来处理。主管发现后，就带着情绪批评了小梦，于是小梦就和主管吵翻了，并退出了工作岗位。主管将此事反映给了部门经理，部门经理更是对小梦进行了严肃批评，并决定扣罚小梦3个月的奖金。

小梦满腹怨气地找到了人力资源部张经理。张经理是人力资源部的"老江湖"，听完了小梦的讲述后，张经理觉得小梦确实是一位难能可贵的人才，一定要想办法留住她的人，更要留住她的心，但同时也要让小梦意识到自己所犯的错误，接受处罚，否则日后难以管理。张经理耐心地聆听小梦的意见，小梦也逐渐平息下来并承认自己也有做得不对的地方。

随后，张经理找来小梦的主管和部门经理，进行了商讨，交换了意见和看法，大家讨论决定了对小梦的惩处办法，也在相关部门的支持下按照小梦的方案进行了工作流程的改进。

（资料来源：笔者根据相关资料整理）

案例中，小梦熟悉专业技术，好心提出的建议得不到"外行"管理者的赏识和认可。根本原因在于"外行"管理者并没有真正理解内行员工的想法，当员工提出创新点时没有进行客观分析，而是"一票否决"，从而导致矛盾的发生。这不仅不能充分发挥内行的业务能力，还差点为员工和组织带来消极的结果。因此，管理者需要清楚地认识自身和员工的优势和不足，在管理过程中"对症下药"。

（一）外行也有"内"

刘邦是外行领导内行的佼佼者，所以才会有"夫运筹帷幄之中，决胜千里之外，吾不如子房；镇国家，抚百姓，给馈饷，不绝粮道，吾不如萧何；连百万之众，战必胜，攻必取，吾不如韩信。三者皆人杰，吾能用之，此吾所以取天下者也"。刘邦不精通"业务"，但懂人心、懂管理。可见，外行也有外行的优势和长处。

1. 新人脉，新资源

"外行"管理者，通常已经在职场上饱经磨炼，个人的知识结构经过不断整合，具有很强的包容性，其协调能力、战略眼光、战术的运用、包容的胸怀都更胜一筹。所以，"外行"管理者通常情况下是复合型人才，往往会有较为丰富的人脉和行业资源。因此，他们可以统筹资源在不同领域的分配，为新业务、新技术找到新的人脉和资源，从而解决各项难题。

2. 新思路，新方法

世界是普遍联系的。在实际工作中，需要我们具有全局思维，用联系的观点看问题，管理者尤为如此。一般情况下，纯粹的专业技术人员的思路大多局限于自己的专业，所以纯粹的"内行"难以胜任管理的岗位。而"外行"管理者，有时候是站在更高的视野和不同的视角来看待问题，在工作思路和工作方法上会跳出专业技术领域的惯性思维，寻找到创新的思路和方法来解决问题，在一定程度上会对工作有积极的帮助。

（二）内行也有"外"

很多技术型组织发展到一定阶段就会遇到一个创新瓶颈，原因就在于组织内部盛行着一种"工程师思维"。这里的"工程师思维"是指一味追求技术，认为所有问题都可以通过技术手段来解决。殊不知在管理方面技术手段的作用是有限的。管理者只有突破"工程师思维"，创新思路，拓宽视野，才能探索一条既符合组织发展要求，又能满足员工不同层次价值需求的管理之道，激发员工的活力，使其为组织创造更多价值。可见，在技术方面是内行的下属也有"外"的方面，主要表现在以下方面。

1. 缺乏新思路、新方法

内行员工通常依靠自身专业和技术优势，一味追求技术突破，认为所有问题都可以通过技术手段来解决，很容易形成惯性思维，久而久之，就会进入创新瓶颈。最典型的例子是一些计算机硬件生产厂商，因其不断单调地升级硬件性能，而陷入了一种创新枯竭的死循环。

2. 缺乏高视野、高战略

纯粹的专业技术人员，其思路大多局限于自己的专业，而不关注组织的战略发展和远景规划，难以站在一个更广阔的视角去看待组织制度性、战略性的问题。这会导致他们难以参与组织的宏观管理和决策。

现将外行与内行的"内"与"外"总结如下（如巧技能13-1所示）。

巧技能 13-1

	"内"	"外"
外行	通常拥有较丰富的人脉资源和行业资源； 容易有创新性思路和方法	不精通专业技术； 不熟悉业务情况； 不熟悉团队情况； 不了解项目进展情况
内行	精通专业技术； 精通业务情况； 熟悉团队情况； 熟悉项目进展情况	缺乏新思路、新方法； 缺乏高视野、高战略

三、指挥的巧技能

也许我们不懂园艺，但是只要我们懂得浇水、施肥、翻地、覆土和修剪等技术，种养植物就不会有太大的问题。外行要指挥好内行也是如此，关键在于要怎么"指挥"。"术业有专攻"，由于专业水平、技术水平的限制，我们不可能做到面面俱到、事事精通。合理地进行人力资源的优化配置，更有利于我们提高工作效率，将人力资源的效能发挥到最大。

案例 13-2

马云：关键是尊重内行

关于如何处理好外行与内行的关系，马云这样说：

"我不懂技术，我真不懂技术……我觉得对阿里来讲悲剧是CEO完全不懂技术，最幸运的事也是CEO不懂技术。如果CEO很懂技术，天天坐在你边上，你肯定干不好。因为我不知道怎么干，所以我很敬仰地看着他们。

我对我们公司工程师非常敬仰，因为没有一条代码是我写的，但是今天它影响了成千上万的人。我觉得是他们把我们的空想变成了现实。我真的非常尊重他们，是他们改变了这个世界……

外行是可以领导内行的，关键是要尊重内行。因为我不懂技术，我变成公司里面技术产品的唯一一个检测者，我能检测这个东西管用不管用，因为80%的人跟我一样，我们敬畏技术，我们害怕技术，只要管用就行。如果马云说不会用，这个事再好，也瞎掰……

不懂技术，可以尊重技术，欣赏技术，敬畏技术。技术重要，但是技术背后的那些人更为重要。如果没有信仰，技术只是工具；如果有利用的人，这些技术就变成了生产力，就变成了创新，就会影响社会……"

（资料来源：笔者根据相关资料整理）

马云本来是一个英语老师，不懂技术，不懂互联网，但他领导了一批技术内行。他认为，"外行是可以领导内行的，关键是要尊重内行"。我们每个人未必能像马云一样，是外行领导内行的高手，但我们可以学习一些指挥内行的巧技能。

（一）真诚接纳是前提

管理者之所以成为员工的管理者，肯定有成为管理者的长处。作为"外行"管理者，首先要摆正自己的位置和心态，把管理岗位看成是学习和提升自己的机会，真诚地接纳和关心员工，这是基本的职业意识。没有方方面面都懂的人，内行人也不一定能管理好内行，从这个角度说，内行、外行都是相对的。越是高层管理者，其所需具备的技术、技能占比越低，概念技能和人事技能是主要的，因此"外行"管理者要清楚自己的岗位职责和工作内容。

（二）做好工作是基础

"外行"管理者在指挥内行时，最基本的就是要先做好自己的本职工作，一方面为组织选录和培训真正的人才，并为专业人才发挥自己的价值提供舞台和机会，满足员工和组织需求；另一方面，需要持续不断地学习，了解组织的战略目标和部门的专业领域，站在更高的视角，为组织发展提供更多的创新思路和行业资源。

（三）尊重员工是关键

首先，管理者要把员工放在对的位置上，给员工施展才能的机会；其次，要真正关心下属的物质生活和精神生活，多与员工沟通，了解他们真正的想法和需求；再次，统筹各方面资源，为员工提供各项培训机会和福利，让员工不断学习和成长，帮助员工实现自我管理。

（四）专而不霸"接地气"

"三人行，必有我师"，即使是内行专家也有自己不懂的领域，倚才自恃是职场大忌。作为"外行"管理者，在上下级关系中要保持"柔韧性"。在处理问题时，不能以权压人，一定要多观察员工内心真实的想法，注意说话的方式。同时，管理者不能只评鉴员工的能力和态度，还应适时在方向和思路上给予指导。

（五）组织建设重氛围

在外行指挥内行的组织里，如果上下级关系处得不融洽，工作氛围常常会比较压抑。"外行"管理者的指手画脚会让员工觉得无所适从，处处掣肘。人与人之间的关系是可以培养的，组织工作氛围也是可以主动营造的。管理者要利用午餐会、茶会等增加与员工沟通、谈心的机会，积极营造轻松愉悦的工作氛围，给员工提供施展才能和想法的空间。

总之，外行在指挥内行时，要把握1个机会、2个关键和4种关系，具体如巧技能 13-2 所示。

巧技能13-2

1个机会	把管理岗位看成是学习和提升的机会
2个关键	关键一是做好自己本职工作，明确岗位职责和工作内容； 关键二是关注员工，尊重理解内行，在内行不会的地方多发力、多指导
4种关系	做人与做事的关系、级别与威望的关系、工作与学习的关系、领导与员工的关系

场景 14：面对不善言辞的技术专家，如何沟通

> 沟通的最高境界是，说要说到别人很愿意听，听要听到别人很愿意说！
>
> ——戴尔·卡耐基

说话，是我们每天都要做的事情之一，这是一个人与生俱来的本领。但是在组织中，管理者和员工都需要对这个本领加以磨炼，即掌握说话的技巧：说什么，怎么说，说的结果如何追踪、反馈。

一、"柳倪之争"，并非个案

1994 年，联想内部代表"贸工技"的柳传志和代表"技工贸"的倪光南产生了分歧，最后，倪光南离开联想。当时的年代，互联网行业刚刚冒出了苗头，联想抓准机会成为国内首屈一指的企业，可是就在联想准备在市场上大展身手的时候，却出现了矛盾。高层管理者和技术专家在组织的战略方面出现了分歧：一方以社会和行业背景为出发点，立足于企业谋生；另一方以"中国芯"技术为出发点，立足于大国创造。

我们不再去评判当初的决定孰是孰非，并不是每个组织的"柳倪之争"都会对社会和历史产生如此深远的影响。但是我们必须承认，在每个朝气蓬勃、不断发展壮大的组织中，管理者与技术专家之间的

矛盾往往是致命的；解决得好，组织就会迈开步子、奋勇向前；解决得不好，可能会两败俱伤。所以，有矛盾不可怕，可怕的是没有解决矛盾的方法。

"柳倪之争"在不同组织中以各种各样的形式上演着，对峙双方都手握一定的权力，掌舵着组织的发展方向；他们站在各自的立场，诉说着各自的理由，希望可以带领着组织在竞争激烈的商海中所向披靡，尽早到达成功的彼岸。

管理者，要对组织的发展负责，对战略目标的实现负责，对组织中的每位员工和每位股东负责，所以他们在做决定的时候，以经营目标的实现和经济利润的最大化为主要目标，以拓展市场份额和稳定组织地位为主要行动方向，期望短期和长期的获利与持续不断增长。在技术专家心中，占领高地的是对核心技术和完美技术一步步靠近的追求，尤其在今天这个以技术和创新为王的社会和市场背景下，他们的眼光放在了追求事物的完美上。这种超长期的目标，往往伴随着短期甚至长期目标的牺牲与妥协。

我们都必须承认，管理者与技术专家的矛盾之争，一定要得到有效的化解才行，逃避已经不是一条可以选择的路了。

二、不善言辞，并非本意

组织中的技术专家，一般思维敏捷，逻辑严谨，喜欢用事实和数据说话，爱钻研、爱思考、爱动手；但是生活中的他们，往往不太注重自己的外表和形象，说话直来直去，很少注意沟通的技巧。

案例 14-1

百 思 无 解

老李是一家公司的技术人才，技术功底扎实，做事兢兢业业。在公司干了几年之后，就成为公司内部的技术专家。但是老李有个缺点，那就是不善言语，在一定程度上，给自己的工作带来了不小的挑战。

老李的工作是完成得不错，小组里面不少的核心项目都有他的参与，但是小组里面新来的一位同事，是 985 大学毕业的学生，除了踏实肯干、认真好学，为人还很热情，深受同事们的喜爱。

一次小组会议之后，老李突然意识到，和年轻人相比，自己的想法还需要进一步更新才行，自己虽然凭借着多年的工作经验和行业经验在公司具有一定的话语权，但是未来的天下还是年轻人的；面对着将来岗位的不确定性，老李并不知道该怎么调整自己的心态，如何实现顺利的转变。

对未来的担忧和对公司某些现状的不满，给老李的工作带来了不少的障碍。尤其是与领导沟通不顺的时候，老李找不到一个合适的方法，让领导知道自己心里到底在想什么，而领导又没有时间和精力去猜下属的心思，长此以往，老李和领导之间存在的隔阂越来越多，甚至让老李有了离职的想法，可是又能去哪里呢？

当一个人有了离职想法的时候，工作就少了激情，成为一件痛苦的事情。这对老李是个折磨，对于公司也是一种损失。

甚至在一次会议上，老李对领导的工作任务布置不是很满意，当时的气氛很是尴尬，有点令领导下不来台，事后老李也没有主动找领导去沟通，去积极解决问题，所以双方的关系一直没有得到缓解。

看着年轻人在工作岗位上干得风生水起，工作 10 多年的老李迷茫了。老李觉得，职业发展遇到了瓶颈，而这瓶颈比自己预期的要来得早。

这些年老李和公司一直互相成全着，老李在公司的培养下成为技术骨干，公司也在老李这样的人才的支撑下发展得不错，可是为什么就出现了这在老李看来无法解决的问题呢？老李自己想不明白。

（资料来源：笔者根据相关资料整理）

技术专家们的心思，往往放在"螺丝钉"的层面，他们心中思考的是：如何让组织安全有效地运转，如何让组织一步步创新突破现有的生产瓶颈，如何让组织具备技术上的核心优势，从而在商海中一往无前。我们不需要全才的技术专家，可是我们需要会沟通的管理者。

在组织中，管理者常常纠结于技术专家怎么听不懂"我说的话"、技术专家为什么总是有自己的主意、技术专家为什么不和我形成统一战线等表面问题。可是，仔细想想，技术专家作为组织中重要的一分子，对组织的良好发展往往有自己的认识和理解，这些想法可能在形式、内容上暂时让人难以接受，但有一点是可以肯定的，那就是他们的出发点一定是好的。管理者需要因人而异、因地制宜，找到适合与技术专家沟通的方法，面对他们的时候，要多下些功夫才行。

三、技术专家，并非顽童

技术专家，在技术领域不断探索和钻研，他们也许懂得怎样让宇宙飞船上天，也许懂得怎样开发出一个软件去便利人们的生活，也许懂得怎样让地铁平稳安全地送每个人到达自己的目的地……但是，他们却未必懂得如何与人沟通，尤其是与上级沟通。

技术专家，往往说得少。少而精的语言，也可彰显他们的专业性和技术性。在他们心中，逻辑、符号、公式、密码，一个个工程语言，像是一个美好的精灵，帮助他们解决一个个技术难题。技术人员对技术人员的沟通，往往顺利而有效；但是，技术人员对非技术人员的沟通，往往需要一定的沟通技巧。

技术专家，往往说得直接，忽略沟通的形式和语气。不加修饰的语言、不经思考的态度，在解决问题的时候就会表现出来。管理者和技术专家沟通的时候，要多一些理解、多一些谅解。

技术专家说话往往有自己的套路。表格是内容的展现，符号是形式的展现，公式是逻辑的展现，如果能够真正了解技术专家传递的信息，体验一次工科生、理科生不一样的逻辑思考过程，管理者也会渐渐掌握和他们沟通的技巧。

了解了技术专家的沟通方式和沟通特点，管理者也就可以采取相应的对策，找到合适的方式去进行有效的沟通。

（1）注意沟通的场合。技术专家在自己的领域里有着自己的成就和辉煌，这些成就会使他们在团队中形成一定的威望，而这强有力的威望是不允许其他人触动的。管理者在和技术专家沟通的时候也需要注意这一点。在人多的时候，要注意给技术专家留面子，解决问题的方式比解决问题的方法更重要。

（2）注意沟通的方式。如果用强硬的办法去令技术专家信服或遵守某些事情，那么结果不会令人满意。技术专家更加注重证据的积累，更加看重用事实说话，如果管理者能够注重这方面内容的传递，那么与技术专家的沟通就会很有效率。

（3）注意沟通的反馈。技术专家的任务关注是一个点，是一个他们倾注了很多心血的点。而管理者则需要把各个点串起来形成一条链，使组织的生态链得以有效运转和延续。技术专家如果不会主动找管理者沟通，那么对于管理者来说，第一反应不应该是责怪，而应该是谅解，也许他们的心思只放在了那一个点上。这不是错误，技术的突破就是需要这样的专注和付出。一个人的精力是有限的，如果技术专家在某一方面做得出色，那么在其他方面，管理者就需要多忍让和多理解，这将更加彰显一个人的胸怀和担当。

在与技术专家沟通时，建议管理者做到以下三点（如巧技能 14-1 所示）。

◆◆ 巧技能14-1

与技术专家沟通的小建议

建立信任	与技术专家沟通首先要联络感情,建立信任,这是有效沟通的第一步,获得了技术专家的信任,不仅可以在沟通方式上做到让彼此舒服,更可以提高沟通的效率和效果
充分准备	技术专家注重细节和数据、逻辑与连贯,如果提前按照他们的思维方式和交流方式做好准备,那么沟通过程一定会令人愉悦,沟通结果一定会令人满意
主动跃进	管理者阅人无数,擅长处理人际关系,那么管理者要利用自己的优势,而不是利用职位的权威,站在处理问题的角度去进行沟通,往往可以事半功倍

四、有人挑刺,并非坏事

从组织的一把手到各部门负责人,不一定都十分精通技术,但技术专家精通。技术专家知道如何让螺丝钉发挥最大的价值,并保证安全;技术专家知道如何让一行代码满足客户提出的需求,并保证应用……但是,技术专家也许不知道,管理者的一番话背后是不是还有别的意思;他们也不知道,是不是自己哪句话说得太过直白以至于让管理者觉得自己是在挑刺。

案例 14-2

幸亏技术专家"挑了刺"

某公司的技术专员在王师傅的培养下，渐渐有了独立承担工作任务的能力和技术，其中，有一位同事表现格外突出。

小李是技校出身，没有名校的学历，也没有什么过人的家庭背景，只是有着一颗上进努力的心，做起事情来一丝不苟，经过几年的打磨，他的技术经验已是十分丰富。难能可贵的是，不论取得怎么样的工作成就，小李都能稳稳当当地对待自己的工作任务，就像他第一天步入工作岗位那样。

这一天，小李来到技术车间进行例行检查，细心的小李看到车间内部的一台机器有了一个小问题，这个问题虽小，不耽误车间的正常运行，但是小李的心里十分清楚，生产无小事，一旦出了事，就是大事，况且，这批机器出现这类问题的概率极高。

小李找到自己的领导，说明了车间机器可能存在的安全隐患，领导却说，这个问题不重要，以后再说。

领导的态度引起了小李的担忧，对于技术问题的发现和解决，领导可能并不比小李专业，而具有专业知识和专业嗅觉的小李发现了问题，和领导主动沟通，却被驳了回来。小李没有放弃沟通，他仍和领导主动表示，这个问题如果得不到有效解决，那么很有可能会导致生产环节出现问题，虽然现在表面上看来，机器没有暴露出什么大的毛病，但是谁也不能保证，机器可以一直良好运行下去。如果在某一天，机器出现了问题，再去解决，那么成本会大大提高。这种隐形成本，对于公司来说，是极为不利的，所以小李和领导请示，连夜检修，并向机器的提供商提供建议，避免以后的机器出现类似的情况，导致安全事故的发生。

领导最终同意了小李的建议，决定让他去试一试，毕竟，在技术方面小李才更有发言权。企业生产平稳良好的运行，是领导的目标，一旦出了问题，晚上睡不着觉的还是领导自己。

果然，经过小李专业的排查，最终消除了机器潜在的问题，这使得领导也松了一口气。后来有一次领导在和小李等员工进行非正式沟通的时候，还特意提到了这件事情，当众表扬了小李的专业技术和坚持的精神。要不是小李当时一丝不苟的精神，公司不知道会遭受什么损失。而这种认真的精神，无论从事什么岗位，涉及哪个行业，都会给人生带来很大的益处；将这种精神应用在工作中，履行好自己的职责，挑出工作中潜在的问题并加以改正，最终受益的不仅是自己，还有团队和整个企业。

（资料来源：笔者根据相关资料整理）

"挑刺"往往被人看成贬义词，但被挑刺也不见得是件坏事。在组织工作中，有人挑刺，管理者也许要多留心一下：是不是管理制度上真的存在了问题？是不是大家本意是好的，只是方式上出现了问题？遇到了挑刺，管理者是暴跳如雷、大发雷霆，还是虚怀若谷、解决问题，往往很关键，这决定了一个团队的氛围和对问题的包容性。

场景 15：面对资深的下属，如何让他们信服

> 才以立身，德以服众，权以立威。
>
> ——古语

如何让资深下属信服，也是管理者不得不面对的一个难题。资深下属往往在某方面有突出的优势，如知识技能、学历、专业化程度、工作经验、阅历等，但是由于职务的不同，他们必须服从于各自的管理者。是否能让资深下属在心里服从于自己，与自己形成统一战线，不仅考验管理者的领导才能，还考验管理者的沟通技巧。

一、用好资深下属，很关键

资深下属，为组织任劳任怨，掌握的专业知识和才能具有不可替代的作用；但是管理者岗位有限，不是每个资深下属都有成长为管理者的机会，而那些不能走向管理者岗位的资深下属，如果不能在组织中得到良好的安置和管理者良好的关照，那么他们轻则心寒，重则离职。

案例 15-1

"新官上任三把火"，用好资深下属很关键

新官上任三把火，可是这个火怎么烧，烧到什么程度才能起到最

好的效果，也是一门艺术。

张伟是空降到生产部门的领导，来到新的环境，即使身为领导，也要适应一番才能大有作为。而在这个适应的过程中，用好资深下属，则显得非常关键。

第一次召开部门内部会议的时候，细心的张伟发现，部门内的一位技术骨干，虽然已经退居二线，从事技术专员的指导工作，但是大家对于这位资深的老员工的意见，很是尊重和顺从。张伟意识到，要想尽快和部门内的人打成一片，首先要和这位资深下属联络好感情，保证两个人的沟通顺畅，形成统一战线。这样，以后的工作开展起来就会顺利很多。

在日常工作的交流中，张伟渐渐发现，原来这位资深下属不仅是凭借过人的专业技术获得了如今在部门内不可撼动的地位，更是凭借自己的人格魅力让大家心悦诚服。而其不彰不显的性格，更是让张伟觉得难能可贵。于是，在部门技术问题方面，张伟总是虚心接受这位资深下属的建议，并与他建立了十分深厚的情谊。

对于部门内部其他人员来说，处于良好和谐的工作氛围中，甚是一件幸事，大家的工作劲头更足了。

在一次公开的场合中，这位资深下属和张伟讨论一个很严肃的问题，而张伟由于技术方面的专业度不足，迟迟没有做出决策。这位资深下属有一些着急，用了强硬的态度和张伟交流，这令现场气氛十分尴尬。

好在，张伟了解这位资深下属的为人，而张伟自己也是一个宽宏大量的人，明白大家都是为了公司好，所以这些小细节并没有放在心上，也没有觉得下属是故意让自己下不来台。

令人惊讶的是，张伟还向其他同事表扬了这种实事求是的精神。在关键时刻，以大局为中心，是管理者难得的品质；当然，如果注意表达的方式，用大家都可以接受的态度来沟通，那就更好了。

（资料来源：笔者根据相关资料整理）

资深下属是公司的财富，是公司倾注了人力、物力和财力，经过多年培养起来的人才。与资深下属保持良好的沟通对于管理者来说非常关键，尤其是新上任的管理者，与资深下属的关系直接影响着自己在团队中的管理基础。

管理者应该认识到，资深下属一般可以分为以下三种类型。（1）原班人马型：管理者是"空降兵"，突然被派到某个组织或某个部门任职，一定会遇到原班人马中熟悉部门业务的资深下属。（2）年轻气盛型：年纪轻轻就成为资深下属的员工，也不在少数。他们往往心直口快，注重内心体验，"怀才就一定要凸显"，做事往往考虑不周到。（3）年老不服管型：凭着在行业里或组织里多年的打磨，上了一定岁数的老员工，觉得自己才是部门的"老大"，凭借着一定的威望，领导有时候也得让三分。

在与这些资深下属打交道时，管理者需要掌握与资深下属打交道的三部曲（如巧技能 15-1 所示）。

◆◆ 巧技能15-1

与资深下属打交道的三部曲

亮尊重	先用高级别领导层的尊重打通"任督二脉",尊重的态度和行为会拉近彼此的距离,增加彼此的亲近感,由于职位、职级造成的差距瞬间被打破
示差别	管理者和下属除了级别上的差异,在其他方面一定存在着更多的差异。管理者直面差异,也就意味着在某些方面承认下属的优势和自身的不足,这种承认会让下属觉得管理者求贤若渴、礼贤下士
重心理	当资深下属具备心理敏感等特征的时候,管理者更要注重沟通的方式和场合,走进他们内心去倾听真正的诉求和渴望;心理问题处理得好,资深下属自然能够与管理者形成统一战线

二、用好资深下属,不容易

资深下属凭借自己在某方面的过人本领,在组织中成为具有话语权的重要人物。如果资深下属和管理者目标一致,那么对于管理者来说,掌握的下属力量将极为强大;如果资深下属与管理者目标不一致,那么管理者开展工作就会遇到很多部门内部的阻碍。如何和资深下属搞好关系,让彼此的目标具有一致性,对管理者来说,是一件非常不容易的事情。

案例 15-2

资深下属"不好搞"

老刘是某公司的老员工，由于技术过硬，在公司具有很大的话语权。老刘什么都好，唯有这暴脾气，不是一般的领导可以忍受的，因为老刘一旦发起脾气来是不分场合的，甚至有的时候完全不给领导面子。

老刘的原领导被提拔到总公司发展了，上级给调来了一位新领导。新领导虽然对公司的人员有一个大致的了解，但是百闻不如一见，到公司的第一天，就见识到了老刘的暴脾气。

老刘因为手下的技术专员犯了一个小错误，劈头盖脸的骂人的时候，被新领导看了个正着。虽然老刘看到了新领导的到来，但是丝毫没有因此饶过下属，因为在老刘这个直来直去的人心中，这一切不值得介意。

新领导见识到了老刘的风格，深知老刘这样的资深下属的心理状态，所以非常注意和老刘等下属的沟通方式和处理事务的方式，让这些老同志渐渐了解自己。甚至有一次，老刘当众指出了新领导的不足，新领导也是一笑置之，并把老刘请到自己的办公室，跟老刘解释清楚自己的立场和想法。新领导的这种做法，让老刘渐渐意识到自己行为和态度的不正确，并有意在公开场合减少发脾气的次数，尽量有话好好说。

几年过去了，身边的人都觉得老刘的脾气好多了，注意发脾气的场合。老刘说，人老了，气不动了。可是老刘心里十分明白，是新领导用宽容大度的人格魅力让自己明白，有时候发脾气并不能解决问题。而在这漫长的感化人的时间里，只有新领导自己明白这其中的不容易和辛酸。

（资料来源：笔者根据相关资料整理）

用好资深下属，需要管理者有宽广的胸襟，以大局为重。资深下属对组织的作用，不言而喻；资深下属并不是都好管理，他们会给管理者出不同的难题。面对各式各样的资深下属，管理者要有胸怀与担当，明确组织长远的利益和目标，尽可能包容资深下属抛出的难题。不过，包容不等于放纵。如果资深下属恃才傲物，不把管理者放在眼里，连最起码的尊重都没有的话，那么就应该受到该有的劝诫和惩罚。

用好资深下属，需要管理者多花时间、多费精力。不管是因为什么原因，管理者都最好不要和部门的资深下属产生矛盾。如果矛盾产生了，也要注意解决矛盾，逃避是没有用的。针对不同类型的资深下属，管理者要采取不同的化解矛盾的策略。有的是需要花费时间增进彼此了解，矛盾就可以自动化解的；有的是需要积极沟通，采取主动的手段，才能得到化解的；有的是不需要采取额外的措施，放之任之一段时间，就可以平息的。不论是哪种，管理者都应该做到心中有数。

用好资深下属，需要管理者小心翼翼、步步为营。在不了解情况的时候，管理者切不可对资深下属的某些行为予以过分的否定；事出有因，了解清楚之后再下判断，切忌冲动行事。

图 15-1 将资深下属的类型通过能力与态度两个维度进行了分类和概括，以帮助我们更好地区别资深下属的类型。

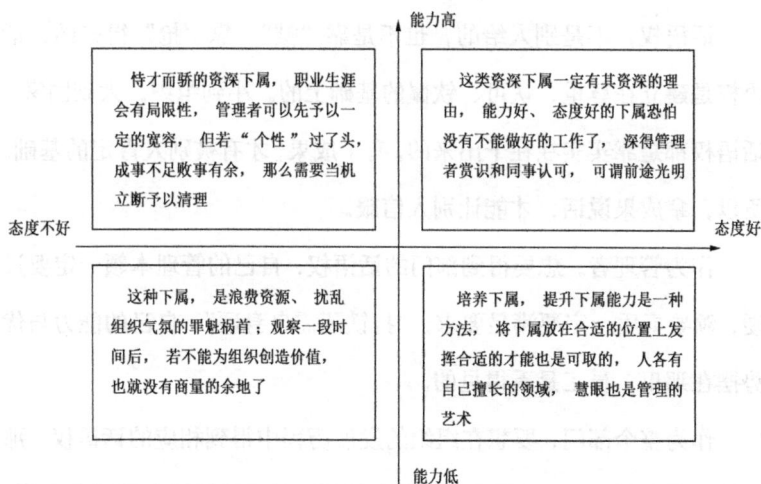

图 15-1　资深下属分类及对策

三、话语权，在于核心优势

管理者面对资深下属抛出的问题和矛盾，解决起来一定是要花费不少时间和精力的。但这不应该是工作的重点，工作的重点应该是核心优势的积累与发展。

如果想让下属服气，尤其是资深下属服气，那么除了用心、真心、尊重差异等，还需要硬实力。对于管理者来说，全局观、系统思维等是其成为管理者必备的素质和优势。所以，管理者应掌握部门的整体情况，为部门的发展制定有效的战略和政策，这才是工作的重点和中心。

话语权，不是别人给的，也不是靠"喊"、靠"抢"得来的，话语权是建立在尊重、认可、钦佩的基础上的。小到组织，大到国家，话语权都是靠实实在在干出来的。有了成果，才有被别人肯定的基础。所以，拿成果说话，才能让别人信服。

作为管理者，想要得到部门的话语权，自己的管理本领一定要过硬，领导素质一定要满足要求；"打铁还需自身硬"，自己的能力与优势摆在那里，员工是看得见的。

作为整个部门，要想在组织的发展历程中得到相应的话语权，那么就需要上下齐心，共同应对挑战与困难，而不是部门内部四分五裂，各自为营。良好的部门氛围和优异的团队成绩，需要管理者和员工扮演好自己的角色，贡献出自己的力量。

四、缺少核心优势，多沟通

有些管理者，他们的技术水平不是最优秀的，但是他们带领的部门，员工干劲十足，心往一处想。这样的管理者，一定具有优秀的人格魅力和管理沟通技巧。

（一）对事

管理者在布置任务的过程中，要根据任务的情况，给予员工不同的指导和说明；对于长期在自己手下干活并且熟悉自己风格的员工来说，进行特殊情况的说明即可；同时，也要分配相应的权利，让员工做事无忧。在员工完成任务的过程中，要注意追踪进展，及时予以指导。

（二）对人

完成工作的时候，最重要的就是公私分明，对事不对人。如果管理者胸怀宽广，那么在他手下干活，将会非常舒心。

（三）对时

最开始进行工作的时候，就要对时间情况进行完整的说明，包括关键节点；对准时、按时汇报的员工，给予及时性的肯定。当然，在按时完成任务的同时，也要注重任务完成的质量。

（四）对己

要管理别人，首先要管理好自己。不论是在大局方面还是在细微之处，管理者都应该严格要求自己；要求员工做到的事情，自己首先要以身作则，用人格魅力征服下属。这比其他管理手段成本低、效果好。

场景 16：对激励失灵的下属，如何撬动

> 天下不治，在于人心不治；欲治天下，首治人心。
>
> ——鬼谷子

一、激励失灵，不在少数

激励失灵，是组织中常见的现象。由于各种原因，部分员工对组织中的激励政策"无动于衷"，失去了努力工作的动机，表现出一些懈怠行为和偏离行为；而这些行为又极具传染性，一旦形成风气，就会对团队和组织造成不良影响，值得管理者重视和反思。

如果激励失灵只是个案，原因可能在员工身上，这时也需要管理者能够重视，及时沟通，避免造成连锁反应；但如果激励失灵成为一种普遍现象，管理者则必须提高警惕，从政策环境和管理方法等方面入手，找到问题的根源并采取有针对性的措施，这比盲目惩罚员工更有效。

案例 16-1

激励失灵真烦恼

陶主任是某公司人力资源部的主任。在某次公司的会议结束后，陶主任收到了来自其他各个部门领导的非正式反馈，其中有一点大家

都不约而同地提到并表示很是无奈，那就是针对部门内部出现的某些"激励失灵"的员工，人力资源部是否有有效的方法加以应对，无论是"胡萝卜"还是"大棒"，都应该有具体、有针对性、可操作的政策和措施了，否则这些人，不仅自己不上进，就连和他们接触的同事也会渐渐表现出不好的行为和态度。这种"病毒式"懈怠，传播范围广、受众人群多，并且依靠沟通等软技巧根本无法解决，所以，解决"激励失灵"刻不容缓。

陶主任是人力资源部的老领导了，他当然知道这种现象的存在，只不过没有想到，随着公司老员工人数比例渐渐增多，这种现象竟表现出了不可遏制、破坏性极强的特点。面对各部门领导的非正式谈话，陶主任知道，不能再坐视不管了，否则，他这位人力资源部主任就太不称职了。

为了详细了解各部门的情况，调查清楚"激励失灵"现象出现的原因，陶主任召集相关人员开了一次又一次的会议，但是大家都不知道，该拿出什么样的灵丹妙药，可以从根本上解决这一问题。

于是陶主任主动向领导请示，人力资源部员工近期的重点工作，就是到下面的部门去调查，弄清楚事情背后的原因，并给出合理的建议措施。

不调查真是不知道，"激励失灵"的人群真是不在少数，大家背后的原因各异，但是不论有什么隐情，个人利益大于集体利益是相同点。他们当中，有马上就要退休的"老人"，有抑郁不得志的青年，也有刚刚步入工作岗位就放弃自己的新员工。而他们行为懈怠的程度有轻有重，有的仅仅是工作态度出现消极；而有的是工作完成度不达标，工作质量不符合要求；更有甚者，他们"积极"去影响身边的人，不安好心地让周围的同事都出现这样的行为，因为他们知道，有一条社会法则，叫做"法不责众"。

"激励失灵"，往往惩罚也于事无补。无论公司章程上做了怎样的规定，这一类人群，都可以大胆地视而不见；更有甚者，觉得自己做了什么了不起的事情一样，直接或间接地鼓动他人，对于意志力薄弱的人来说，这种鼓动就像毒药一样，一旦迈出了第一步，就不可挽回了。

（资料来源：笔者根据相关资料整理）

"消极员工可不少，激励失灵真烦恼"，感到头疼的不只有人力资源部负责人，还有各部门的管理者。当激励失灵现象出现时，一般会呈现出以下三个特点。（1）传播快，一传十、十传百，具有相似情景和遭遇的人，通过交流等手段，形成"星星之火，可以燎原"的态势。（2）范围广，跨部门、跨职能，不分岗位，都可能成为激励失灵的人群。（3）不受控，激励失灵一旦形成，要想改变是很难的，为了不至于形成"鱼死网破"的局面，软硬兼施是关键。

二、激励失灵员工的类型

提到激励失灵，大家可能最开始想到的就是即将退休的员工，他们为组织尽心尽力了一辈子，等到快要退休的年龄，就出现了激励失灵现象。他们对组织的需求呈现下降趋势，再加上年龄带来的身体负担，很容易就成为组织激励失灵的主要群体。

可是，在组织中，只要我们细心观察就会发现，激励失灵的群体其实十分庞大，年龄也出现了多样化，失灵的原因也各异，需要得到管理者和组织的重视。

案例 16-2

激励失灵范围广

老王是即将退休的人了，在他心中，没有什么比下班后走到公园里和对手下一盘棋更重要了，每天刚下班人影就不见了。当然，老王身上，确实没有承担什么重要的工作任务，而老王因为要退休，提前培养一个退休之后的爱好，也无可厚非；况且，老王并没有逃避自己的工作任务，只是对自己的要求不像年轻的时候那么高了，不上进是主要的表现之一。

交代给老王的任务，他总是一拖再拖，能逃就逃，就像躲瘟疫一样；实在逃脱不掉的，也是用极为勉强的态度来完成。对于老王这类激励失灵的员工，上级领导的容忍度还是很大的。

中年刘某到公司已经 10 年了。这 10 年来，对于中年刘某来说，过得很是折磨，和自己同期进入公司的人，已经陆陆续续得到了升迁和调动，哪怕是当初一咬牙离开公司的员工，如今也混得不错。在他心中，唯有他得不到重视，才华得不到施展，他将这种现象归因于"老板不是伯乐，而自己这匹千里马的运气不够好"。

中年刘某不能得到重用，并没有觉得是自己哪里做得不够，反而认为这些都是外界的原因。而外界又是自己无法改变的，默默忍受也就罢了，中年刘某甚至不分场合地抱怨自己的工作和领导，这可是工作中不能犯的大忌。

一个人如果总是抱怨自己的生活和工作，那么长此以往，其心态一定是消极的，也会影响其身体健康状况。家里人多次提醒中年刘某，不能总是这么极端地想问题。可是，中年刘某已经到了听不进意见的中年了。

小李是刚刚毕业的大学生，分配到公司的生产岗位，和他一起进入公司的，有名校的毕业生、有海归，甚至还有硕士、博士。大家刚开始参加工作的时候，都会在基层岗位进行锻炼，熟悉公司整体业务情况，如果说小李的工作做得不如别人好，那么很重要的一个原因就是，小李内心的自卑感。

其实刚来到公司，大家的起点是一样的，况且人与人之间智商的差别不是决定工作业绩的因素，那么小李就应该抓住这个机会，好好表现，获得大家的认可。遗憾的是，小李来到公司的第一天，就觉得自己不该属于这里，不是这里不好，是自己无论做得多好，都不能获得大家的认可，当然，这种想法，只是小李的一己之见。刚刚参加工作，就不热爱自己的工作，小李和大家相比，显得有些格格不入。集体活动，小李不去参加；新员工培训，小李不积极表现自己；公司有额外的表现机会，小李觉得无所谓……长期下来，其他员工竟觉得小李有一些难以相处。

（资料来源：笔者根据相关资料整理）

从上述案例中可以看出，激励失灵的员工不是只有职场"老油条"，新员工也会有类似的情况。一般来说，激励失灵的员工主要有以下几种类型，如表16-1所示。

表 16-1　激励失灵员工的类型

类型	具 体 表 现
少将	新员工对于自己的工作不满意，寻求机会想要跳槽或离职，就会出现年纪轻轻不干活的现象
老将	即将退休的老员工或认为职业发展前景不好从而放任自我的老员工，失去了对工作方面的追求与认可
无欲无求	干工作的目标就定在及格分，不会多付出一分，也不求任何回馈
诉求未满	对组织有期待，被浇了冷水、认清了现实之后，转为组织政策无法激励的对象

在图 16-1 中，我们按照"组织支持"和"员工欲望"这两个维度对激励失灵现象进行了原因分析，并给出了参考对策。

三、激励失灵，语言暖心

对于激励失灵的员工，不论是惩罚制度还是奖励制度，都只能发挥一部分的作用，而真正要转变这些员工的态度和行为，积极沟通才是王道，暖心语言才是良药。

组织支持

这种情况基本上不存在，但是也要避免"错位激励"，将工夫用到正地方。员工欲望低的背后，也许包含着更大的不满意，弄清楚原因才能对症下药	组织与员工互相配合，共同成长。双方要懂得感恩和知足，合作才能长久且愉快。除了物质激励，精神奖励往往效果更加显著，性价比极高
组织无活力，员工无生机，这样下去会"两败俱伤"。从自己身上找原因，多一份理解，也许还能苦尽甘来	这种情况很常见，解决起来是一项大工程。组织在一个方面做不足，但是可以在另一个方面有所突破，比如良好的沟通氛围，让员工有所留恋

员工欲望

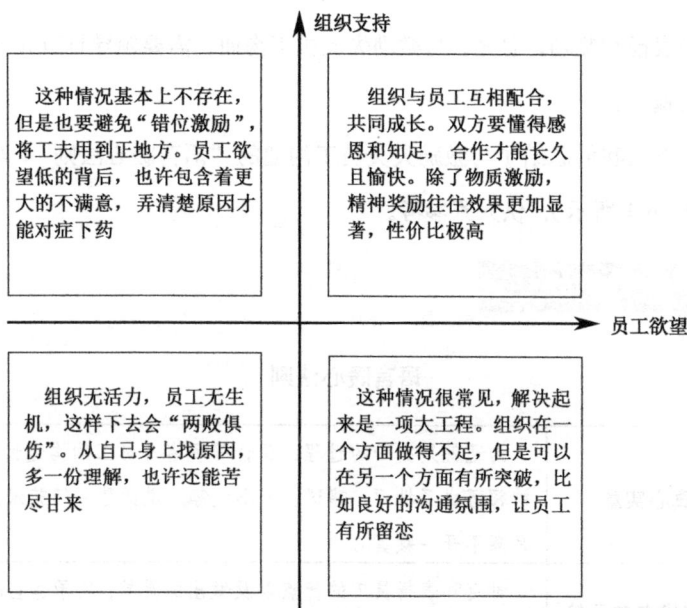

图 16-1　激励失灵原因分析及对策

管理者应该以尊重、礼貌的态度对待表现消极的员工。对比自己年长的老员工，要尊称"您"；对不好沟通的员工，要耐心地进行鼓励，让他们说出自己心里真实的想法；对前后表现差距很大的员工，应给予及时的物质奖励和精神奖励；对犯错比较严重的员工，应该给予严肃的批评，让其认识到错误行为的严重性，同时也需要晓之以理、动之以情，帮助他们发现自己的长处和价值，以及对自己、对公司应负的责任；对于屡教不改的员工，该处罚的就处罚，该炒鱿鱼的不能心慈手软；对于新员工来说，首先要肯定年轻人对公司发展的巨大好处和价值，然后给年轻人提供发挥才能的舞台和机会，并在公开场合给予表扬和奖励。总之，与激励失灵员工沟通，需要领导具有大智慧和大魄力。

下面我们总结了与激励失灵员工沟通的"语言暖心法则"（如巧技能 16-1 所示），供大家参考。

◆◆◆ **巧技能16-1**

语言暖心法则

真心实意	沟通就是交心的过程，莫让管理者与员工的沟通过程，被领悟成了批评、建议、走形式等；说话是一门艺术，但是离不开一颗真心
肯定优点与贡献	肯定和表扬员工的优点以及做出的贡献，给予适当的奖励
客观指出不足	有理有据地指出员工犯错的具体行为，客观指出而不带个人成见
深入交流原因	通过"掏心窝"的话，了解员工的真实想法和需求
提出解决方案	有针对性地提出具体的解决方案，给予员工信任和支持，帮助员工找到自己的价值

四、创新规则，解决激励失灵

激励失灵不是某个部门特有的现象，也不是人力资源部门出台政策抓考核就可以解决的问题，需要从管理者到普通员工给予配合和支持，共同解决。

（一）沟通是第一要务

组织的政策制度只是辅助手段，积极沟通才是解决问题的法宝。不论是什么原因导致激励失灵，也不论是什么类型的员工，暖心的沟通是最直接、最有效的解决方式。为了让员工说出最真实的想法，也为了了解员工最真实的需求，管理者需要"以心换心"，放下领导的架子，用真诚的态度去一步步引导员工说出内心的真实想法。尤其是对于"通过消极表现来表达不满"的员工，暖心的沟通才是解决问题的关键。

（二）发掘需求、目标和价值

人有奔头，才会有动力。只有当员工有需求、有目标且意识到可以通过努力去满足需求和实现目标时，才会表现出相应的积极行为。面对激励失灵的员工，管理者的一个重要任务就是发现并刺激员工的真实需求；如果员工没有需求，那就给员工创造需求。有了需求就可以设立相应的目标，员工也就有了前进的动力。

此外，发掘或赋予员工新的价值也不失为一种有效的方式。首先通过委派员工新的任务，让员工感受到管理者对自己的信任和重视；其次，在员工完成任务之后给予表扬和肯定，帮助员工树立信心、获得成就感，员工能进一步认识到自己的价值。当然，不少员工在职业和人生规划上是迷茫的，如果管理者可以在这方面给予足够的支持，帮助员工系统地规划职业生涯，那么就能帮助员工找到全新的自我价值。

（三）奖励与压力

与目标相对应的奖励要到位。传统的奖励可能无法起到积极的效果，针对这些激励失灵的员工，需要结合其真实需求采取一些个性化的激励政策。

光有奖励也不行，有压力才会有动力。要让员工意识到组织是有纪律的，一味地消极怠工会受到相应的惩罚。赋予员工一定的责任，让员工意识到工作的重要性，让员工感受到一定的压力，员工才会更加积极地去完成工作。

4

第四篇

角色明确，换位思考

在沟通过程中，管理者扮演着多种不同的角色：既要扮演信息接收者（学会倾听意见），也要扮演信息发布者（学会传递信息），还要扮演会议主持者；既要赞美员工，也要批评员工；既要做就职演说，也要做年终总结……

站在不同的立场，身处不同的情景，管理者要明确不同的角色。除了明确自身的角色，管理者也需要站在对方的角度，设身处地地去思考对方的需求、目的、想法和感受等。

角色明确，换位思考，方能成为一个真正的沟通"巧"者。

场景 17：如何倾听意见

> 听得到真话，听得清不同于自己想法的话，听得了他人反对的话，听得下他人误解的话。
>
> ——本书作者

人生来就有两只耳朵和一张嘴巴，仿佛预示着我们要多听少说。沟通的第一步就是倾听。学会倾听是人们最基本的素质，对于管理者而言更是如此。

一、听与不听，有何区别

倾听，是人类沟通最有效的工具之一，也是管理者应该具备的素质之一。听与不听，其结果不仅仅会影响管理者自身，甚至有可能会影响整个组织、整个国家的命运。古往今来，有多少帝王将相因为听与不听的区别，落得截然不同的下场，刘邦和项羽、姜小白和齐桓公就是典型的例子。

案例 17-1

听得进意见的刘邦和姜小白，听不进意见的项羽和齐桓公

刘邦是亭长出身，相当于保安队长，社会地位非常低，而且品行不好，贪财好色。项羽则出身贵族，将门之后，武艺高超、英勇非凡，力拔山兮气盖世，还熟读兵书，是典型的高富帅。可最终败在刘邦手下，很重要的原因就是刘邦善于倾听别人的意见，而项羽刚愎自用，连手下唯一的能人范增的话都不听，最后只能"霸王别姬"，自刎在乌江之畔。刘邦手下三大能人，被称为"汉初三杰"。刘邦自己说："夫运筹帷幄之中，决胜千里之外，吾不如子房；镇国家，抚百姓，给馈饷，不绝粮道，吾不如萧何；连百万之众，战必胜，攻必取，吾不如韩信。三者皆人杰，吾能用之，此吾所以取天下者也。"这三个人固然厉害，但没有刘邦的善于倾听，一样不能发挥作用。

齐桓公，名叫姜小白，春秋时齐国第 15 位国君，曾经是"春秋五霸"之首。姜小白在得到国君位置前，与其弟弟姜纠同时流亡在国外避难。后来，齐国大乱，国君空缺，这两兄弟闻讯之后，都由庇护国往临淄赶去，谁先到达都城，谁就继承这个国家的统治权。管仲是姜纠的谋士，他单枪匹马，抢在途中，拦住姜小白一行人，挽弓射箭，姜小白应声而倒。其实，这支箭偏巧碰在他腰带的扣环上，侥幸不死。管仲以为稳操胜券，不慌不忙地离去。谁知他前脚走开，姜小白策马挥鞭，以最快速度到达都城，接管了政权。姜小白的谋士鲍叔牙说道："如果你的愿望只是想当齐国的国君，你用我为你的上卿就够了；如果你的心胸中不仅只有齐国，而怀有天下的话，那么你就必须借重管仲。"于是，齐桓公战胜了自己，不计前嫌，亲迎于郊，尊之为"仲父"，请教强国富民之术、称霸诸侯之道。

功成名就、天下归心的齐桓公开始骄傲自满、自我膨胀，也变得不愿意听真话了，更别说别人的反面意见，反而开始沉醉于易牙、竖刁和公子开方的阿谀奉承。管仲见此情境，抱病谏言齐桓公要疏远他们。齐桓公却不以为然，对于管仲的谏言，在口头上答应了管仲，将这三个人逐出宫外。但管仲一死，齐桓公不但将三个奸佞找回来，还予以重用。结果齐桓公刚去世，这三位亲信就各拥立公子，拉帮结伙，争位相残。从此，齐国中衰、失霸。

（资料来源：笔者根据相关资料整理）

一个不喜欢倾听的管理者，往往是一个刚愎自用、狭隘自私或骄傲自满的人，这样的人无法得到下属的支持和拥戴，也无法看清事情的真相，其结果往往是作茧自缚、众叛亲离。正如波音公司总裁康迪所说的："员工所表达出来的以及我所听到的，远比我要说的更重要。"对于管理者而言，学会倾听，能够帮助自己更清楚地了解员工的想法，不仅能提高工作效率，还能为科学决策提供充足的信息。对于员工而言，管理者愿意倾听员工的意见，就是对员工的肯定和重视，有助于提高员工的信心并激发员工的工作积极性。所以，学会倾听，是提高管理者沟通水平的第一步。

二、倾听意见，有何技巧

倾听，可能是人类最不自然的动作之一，因为我们得抛开自己的需要和时间表，去迎合他人的需求，而且在倾听过程中，我们还需要改变自己一贯的思维方式去接受别人不一样的看法。倾听，不是简单地用耳朵去听说话者的言辞，还需要全身心地去感受对方在谈话过程中表达的言语信息和非言语信息。倾听是一门艺术，一门可以通过训练来掌握的艺术。在倾听员工意见时，一个优秀的管理者应该掌握以下技巧。

（一）让员工先说

倾听技巧的第一点就是要让员工先说。

1. 为什么要让员工先说

（1）每个人都有自己的长处，在处理某件事情上，员工可能比管理者有更好的想法，可能比管理者更专业。如果管理者一味地把自己的想法全部强塞给员工，甚至恨不得手把手教员工，那么员工就会觉得自己是管理者的"工具"，不能发挥自己的才能。最后管理者也会疲于应对，还错失了培养员工的机会。

（2）为了能够证明自己，员工也想在管理者面前表达自己的想法，展现自己的能力，获得管理者的肯定。如果管理者急于表现自己的能力，抢在员工之前把话说完了，那么员工就只能点头说好，失去了一次表现自己的机会，心里会感觉到失落。但如果管理者先让员工发言，员工提出的方案正好是管理者所想的方案，管理者听完后再予以表扬和采纳，并补充点评方案中的不足，这样一来，员工不仅会因为受到肯定而高兴，还会从心底里佩服这位管理者。

2. 如何让员工先说

（1）放下架子，腾出时间。由于职级身份的差别，员工在面对管理者时难免会感到紧张和焦虑，也有可能因为不想耽误管理者的时间而不敢发表意见。身为管理者，就要学会换位思考，站在员工的立场理解员工的顾虑，并主动消除员工的顾虑。这就需要管理者主动放下架子，拉近与员工的距离，并腾出时间耐心倾听员工的意见和想法。

（2）循循善诱，引导员工由被动变为主动。在开始谈话之前，管理者不要剥夺员工说话的权利，取而代之不妨先说一句："关于这件事，你是怎么考虑的？我想听听你的看法。"

在沟通过程中要引导员工对问题提出不同的见解，让员工敢于开口并善于开口。

（二）让员工把话说完

沟通学里有一个原理，就是一般人在和别人谈话的时候，对方一开始说话，我们的脑子就开始转了，5秒钟之后，就开始构思自己怎么回应别人，对方说的大部分内容都没有听清楚，或者是中途打断别人说话。

案例 17-2

被误解的善良

美国知名主持人林克莱特有一天采访一名小朋友，问他说："你长大后想当什么呀？"

小朋友天真地回答："嗯，我要当飞机的驾驶员！"

林克莱特接着问："如果有一天，你的飞机飞到太平洋上空所有引擎都熄火了，你会怎么办？"

小朋友想了想:"我会先告诉坐在飞机上的人绑好安全带,然后我挂上降落伞跳出去。"

当在场的观众笑得东倒西歪时,林克莱特继续注视着这孩子,想看他是不是自作聪明的家伙。没想到,接着孩子的两行热泪夺眶而出,这才使得林克莱特发觉这孩子的悲悯之心远非笔墨所能形容。于是,林克莱特问他:"你为什么要这么做呢?"

小孩的答案透露了这个孩子真挚的想法:"我要去拿燃料,我还要回来的!"

(资料来源:笔者根据相关资料整理)

管理者也容易犯上述案例中的错误,即进入"和自己说话"的困境,以为自己已经了解了对方想说的意思,就打断对方的发言,越是这样就越容易错失真相。在与员工沟通时,尽量不要打断对方讲话,耐心听完之后再下定论。尤其是在倾听员工抱怨时,不需要急着说一些大道理,只需要让员工把心里的怨言都说出来,员工自然就会感到舒畅,这也不失为一种有效的解压方式。

(三)让员工有逻辑地说

管理者不愿意倾听,原因并非完全在于管理者自身,也有可能是员工不擅长表达。面对长篇大论、毫无逻辑、没有重点的说话内容,管理者难免会听不下去。因此,在与员工正式交谈之前,不妨与员工约法三章,提前告知时间限制,让对方讲重点。在谈话之前,先让员工想清楚五个问题:(1)要谈什么?(2)造成这事的原因有哪些?

（3）有哪些原因和自己有关？（4）解决问题的方法有哪些？（5）你认为最好的解决方法是什么？整个谈话过程也可以按照这个逻辑进行，从而提高对话的效率。

（四）让员工感受到被重视

在沟通过程中，管理者应该集中注意力，并且通过一些动作来让对方感受到自己在认真倾听。比如，放下手头的工作，眼睛注视着对方，边听边做记录等。

在沟通过程中，管理者要与员工有互动、有回应。如果管理者能够对员工表现出真正的感兴趣和重视，就能在无形之中给员工一种鼓励，让员工敞开心扉，畅所欲言。回应可以通过肢体语言来表达，如通过点头来表达肯定。回应也可以通过语言来传达，如说一些"那时你在做什么呢""后来怎么样了""你当时肯定非常生气"之类的话语。

在沟通过程中，管理者应该仔细观察员工的语调、身体姿势、手势、脸部表情和眼神，不仅要在谈话内容上回应员工，还要细心感受员工的情绪变化并及时做出回应。

（五）让更多的员工讲真话

正所谓"兼听则明，偏信则暗"，管理者如果只会在高处听意见，或者只会听身边人的意见，就有可能做出错误的决策。要想听到员工的真实心声，要想了解事情的真相，就应该深入基层一线去倾听，应该让更多的员工有说话的权利和机会，应该听听更多员工的真实意见和想法。

学会倾听，也要学会听懂"弦外之音"，也就是俗话所说的"话中有话"。弦外之音，对于说话者而言是一种委婉沟通的技巧；但对于听者来说，如果不能听懂对方的弦外之音，就无法理解对方真正想表达的意思，就会造成许多误解。所以，管理者在与员工沟通时也应该学会听懂员工的弦外之音，具体技巧如巧技能 17-1 所示。

巧技能 17-1

学会听懂弦外之音

了解对方的性格和立场	不同的人有不同的性格，这些性格也在微妙地影响着他们弦外之音的表达方式，我们只有先了解了对话人的性格，才能知道他们会在什么时候以什么方式释放弦外之音。每个人的言行举止都会以自己的立场为出发点，因此我们也要了解对话人的立场
逆向逻辑推演	在倾听说话者的意见时，不能只顺着对方的字面意思去理解，而是应该尝试着把对方的话反过来听，并结合逻辑进行思考和推演
读懂对方的情绪	言语可以掩饰，但情绪很难掩盖。想要准确听懂对方的弦外之音，必须先读懂对方的情绪
留意细节变化	说话者的语气、语调、语速、眼神、表情和肢体动作等的变化，都有可能在暗示某种信息。在倾听的过程中，要注意观察这些细节的变化，如语速突然放慢或加快、语气突然加重等
不要猜疑过度	言者无心，听者有意，有时过度地猜测说话者的想法反而会误解对方的意思。如果自己确实不能确定对方的用意，不妨采用委婉的方式向对方确认。当然，最好的方式就是坦诚相待

三、听完之后，有何反馈

员工提完意见之后，想听到的不是"好，我知道了"这种敷衍的回答，而是来自管理者真诚的反馈。

（一）表扬员工提意见的行为

无论员工提的意见是好还是坏，管理者应该针对员工积极提意见的行为表示肯定并提出表扬。这样做的好处不仅能增强该员工的自信心和积极性，也能形成一种文化氛围，带动更多的员工积极提意见。

（二）复述并确认员工的意见

在工作中经常会出现一种情况，就是两个人说好的事情，到了关键的时候却发现两个人的理解不一致，导致工作出现问题，这就是管理学中常见的沟通漏斗效应（如图 17-1 所示）。

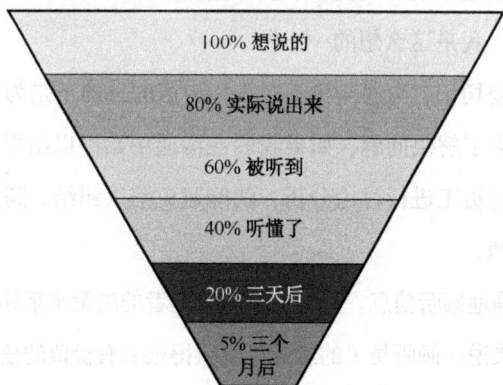

100% 想说的

80% 实际说出来

60% 被听到

40% 听懂了

20% 三天后

5% 三个月后

图 17-1　沟通漏斗效应

听者所听懂的部分一般只占说话者原本想说的 40%，三天后就只剩 20% 了，三个月后就只剩 5% 了。所以，在听完员工发言之后，管理者需要总结要点，并且当面复述主要内容，与员工讨论确认。尤其是重要的细节内容，一定要反复确认。

（三）理性对待不一致的意见

在听懂员工的话之后，自己可能并不认同员工的意见，这时我们需要克制自己反驳的情绪，先肯定员工提意见的行为，再给自己短暂的时间快速思考，把员工的意见和自己的看、思、行结合起来，理性地判断。好的倾听者不急于做出判断，而是感同身受对方的情感，站在对方的角度思考对方为什么会提出这个意见，多去询问而非辩解。在反驳对方之前，冷静地问问自己："沟通的目的是什么？我想要的结果是什么？"经过一番思考之后，如果还是觉得员工提的意见不是很恰当，可以这么说："你提的意见非常好，我也仔细思考了一下，针对这件事，我是这么想的……"

管理者要切记，沟通对事不对人，沟通的目的不是为了争个是非对错，而是为了解决问题，如果我们在沟通中始终以结果为导向，耐心、客观地与员工进行讨论分析，就能避免陷入纠结，高效地得到真正重要的东西。

有效准确地倾听信息，直接影响着管理者的决策水平和沟通成效。对于管理者来说，倾听员工的意见可以获得很多有价值的信息，有助于自己及时发现问题并不断改进。对于员工来说，管理者的倾听是一种鼓励方式，能提高员工的自信心和自尊心，激发员工的工作热情。

场景 18：如何传递信息

> 管理者的最基本功能是发展与维系一个畅通的沟通管道。
>
> ——巴纳德

传递信息是组织管理中的一个关键环节，而管理者恰好是这个关键环节中的关键角色。管理者如果能够及时准确地传递信息，就可以帮助员工清楚地了解组织的发展方向、组织的最新政策动态、团队的工作目标和员工的工作任务，同时也有助于组织高层了解组织和员工的现状，为组织制定战略和政策提供支持。传递信息看似简单，但实际上很多管理者没有做到位，它不是简单的下命令或发邮件，而是一种双向的沟通。在这个沟通过程中，管理者要学会扮演四个角色：侦察兵、神枪手、翻译官和有心人。

一、侦察兵：提前说、早准备

古往今来，信息传递的速度一直是决定胜败的关键因素。无论是古代的军队战争，还是现代的组织竞争，谁提前掌握了信息，谁就掌握了主动权。在组织中也是如此，管理者传递信息的快慢直接影响着团队的运转和员工的工作开展。如果管理者能够早点传递信息，就能给员工留出选择的余地和准备的时间。

案例 18-1

邀下属聚餐不成，谁之过

部门经理小高管理着 15 个人的团队，由于自身是一个做事比较拖沓的人，因此团队也是业绩平平。为了激励员工们的积极性，小高决定自掏腰包请大家吃顿饭。

有一天中午，小高兴致勃勃地在微信群里发了一个群公告：各位亲爱的员工，最近工作辛苦了，为了奖励大家的辛苦付出，我决定今晚请大家吃个饭，希望每个人都能出席，收到请回复。

1 分钟，2 分钟……30 分钟过去了，群里依旧鸦雀无声，但办公室里却炸开了锅。员工们纷纷抱怨经理的通知太突然了，大家晚上都已经有了各自的安排，无法推脱，但又不好意思拒绝经理的好意。正当员工们左右为难之际，小高又在群里发了一句："收到请回复！看到的人请相互转告！"员工们无奈之下，只好向经理请假，并说明晚上已经有约的情况。

最终，15 个人的团队，有 10 个人请假，只有 5 个人回复可以参加，其中有 2 个人是推掉其他安排被迫参加这次聚餐的。小高一看大家的反应，顿时就恼火了，走到员工们的办公室怒骂道："平时工作不积极也就算了，请你们吃饭也不乐意是吧？那晚上都留下来加班吧！"

小高怒气冲冲地走回自己的办公室，百思不得其解，自己一番好意想请员工吃饭，却没几个人想参加，自己的人格魅力有这么差吗？

（资料来源：笔者根据相关资料整理）

部门经理小高的一番好意却给员工造成了麻烦，失败的地方就在于通知太紧促，没有给员工选择的余地，让员工陷入左右为难的境地。火烧眉毛之际才临时通知算不上一种协商沟通，而是一种压迫式的命令。

对此，我们提倡管理者应该扮演好"侦察兵"的角色。"侦察兵"是古代军队中非常重要的一个兵种，主要任务是在前方侦查信息并迅速传递信息，其主要特点就体现在"快"和"早"两个字。管理者在传递信息时应该学习"侦察兵"，有话早点说，给员工腾出消化理解的时间，以便员工提前做好准备。

二、神枪手：说清楚、讲重点

员工在与管理者沟通时，最怕遇到两种类型的管理者：一种是说话总是说一半或者不说清楚的管理者；另一种是说话总是长篇大论让人抓不住重点的管理者。面对这两种类型的管理者，员工总是要花费大量的时间和精力去揣测管理者的心思，一旦没有准确抓住重点，犯了错还要被管理者批评。

案例 18-2

不是员工不会干活，而是自己不会沟通

从国企出身的老李被聘请到一家民营公司担任业务部门的主管，本想好好大展手脚，没想到上任不到两个月就被开除了。临走之前，老李把怨气都出在了自己的下属身上："公司给我分配了这么一群饭桶，连话都听不懂，还怎么干活！"殊不知老李走后的第二天，整个部门就焕然一新，员工们压抑的心情得到了释放，办事效率得到了快速提升。原来，真正的问题在于老李本身。

老李坚定地认为，"身为管理者要有城府，不能让员工一眼就看穿自己的心思"，所以老李总是喜欢说话说一半，剩下的让员工自己去领会，布置工作的时候就是简单地吩咐一句"这件事就交给你去办了"。一句话下来，底下员工就得开会讨论"主管的话是什么意思，他想让我们做什么"。不止如此，老李总是想到一出是一出，今天让员工做这事，明天让员工做那事，员工提问的时候自己心里也没底，云里雾里胡扯几句，还责怪员工"怎么这点小事还需要来问我"。

老李的下属小张埋怨道："老李平时说话不说清楚还是小事，关键每次开会都喜欢长篇大论，滔滔不绝地说一大堆内容，我们根本没办法抓住重点，还要白白浪费时间。"

两个月下来，整个部门不干正事，一直在开会，员工们不是在讨论揣测主管的心思，就是在听主管说一堆不着边际的话，部门业绩一

落千丈。公司高层果断决定开除这位不会沟通的领导。

（资料来源：笔者根据相关资料整理）

现实中存在不少像老李这样的管理者，说话总说一半，剩下的让员工自己领会，猜对了是管理者的功劳，猜错了就是员工领悟能力差和办事不力。跟员工沟通时自己也不清楚重点是什么，想到什么说什么，具体执行全靠员工的办事能力和理解能力。

我们认为管理者在与员工沟通时应该扮演好"神枪手"的角色。"神枪手"的最大特点就是"准"，要让"子弹"（自己想表达的意思）准确命中对方的大脑。

一方面，在与员工沟通时，尤其是布置任务时，不要故弄玄虚，而应该简单直接，想让员工做什么就直接说清楚。与其让员工把精力用在揣测管理者的心思上，还不如让员工专心投入工作中。布置工作时，除了说清楚工作任务，还应介绍工作任务的背景、要求、时间和目标等信息，让员工清楚自己应该做什么、怎么做、做到什么程度。

另一方面，尽量说短话、讲重点，注重说话的逻辑性，中心思想要明确。在表达自己的想法时，可以采取分点阐述的方法，层次分明，重点突出。也可以先表明观点或要求，再根据实际情况展开描述，尽量避免说一堆没用的话。当然，说完之后还需要总结提炼要点，确保员工能够准确把握和理解自己的中心思想。

三、翻译官：接地气、听得懂

"为什么员工总是听不懂我的话"，相信管理者在给员工传递信息时都产生过这样的疑问。那么原因究竟是员工理解力太差，还是自己表达有问题呢？管理者在工作生活中需要面对各种各样的员工，想要让每个员工都具有较强的理解力几乎是不可能的。相比之下，提高自己的表达能力会更加简单直接，沟通的效果也会更加明显。当员工听不懂自己在说什么时，不妨仔细反思一下自己说的话，是否过于"官腔"（官话套话），或者过于专业（太高大上）。

案例 18-3

说话接地气的"大领导"

在中国古代，皇帝集权力与地位于一身，享受着万人的敬仰，堪称至高无上的"大领导"。令人意外的是，在这些至高无上的"大领导"中，也不乏一些说话接地气的人。

明太祖朱元璋听说有倭寇来犯，一怒之下就发了一道圣旨："奉天承运，皇帝昭曰，告诉百姓每（们），准备好刀子，这帮家伙来了，杀了再说。钦此。"这样的大白话，老百姓一听就懂了。

清朝的多位皇帝在批奏折时都喜欢直接回复"知道了"，其中雍正还有一句经典的朱批："朕就是这样汉子，就是这样秉性，就是这样皇帝。"接地气的形象格外深入人心。

（资料来源：笔者根据相关资料整理）

至高无上的皇帝都明白说话要接地气的道理，更何况组织中的管理者呢？正所谓"一等管理者说人话，二等管理者说神话，三等管理者说废话"。要想让员工真正听懂自己的话，就要学会说人话，学会做一个翻译官，把自己想表达的意思经过加工之后，用员工听得懂的语言传递给员工。

（一）接地气，首先要了解什么是地气

说话要接地气，前提是要了解什么是地气。要想知道员工们熟悉的语言是什么，就应该深入基层，去聆听、去感受、去学习员工们的"大众语言"。这些语言看似简单和普通，但只有真正深入员工中，了解了他们的思想、情感、需求等，才能掌握和运用。

（二）接地气，多用一些生动形象的话语

有的管理者在跟员工沟通时喜欢说诸如"高度重视""严格控制""坚决抵制"之类的官话、套话，没有任何实质性的内容，说了等于没说；有的管理者讲话时喜欢用一些专业术语，或者一些名词简称，正所谓"隔行如隔山"，员工就像在听天书；有的管理者喜欢说一些大道理，在教导员工时滔滔不绝，却无法真正触动员工。真正接地气的管理者，就应该少说官话、套话，多说真话、实话；少说专业术语，多说通俗语言；少说高大上的大道理，多说得人心的小故事。

在语言组织上，可以采用比喻、地方语言、网络用语等一些比较生动形象的话语。管理者心里应该清楚"组织花钱雇用我们，不是让我们来当'传声筒'的"。在向员工传达组织的战略和政策制度时，要想让员工听得懂，就不能只是当个"传声筒"，而是要经过翻译加工之后，再以通俗易懂的方式传递给员工。

（三）接地气，追求通俗而不是庸俗

所谓的说话接地气，指的是语言要通俗易懂，而不是庸俗低级。一旦管理者说出脏话、恶趣味的话、不雅的话，不仅会对员工造成伤害，也会导致自己的形象崩塌，很难再让员工信服。

四、有心人：有情感、有温度

在沟通过程中，我们向对方传递的不仅仅是信息，更重要的是情感。一句话、一个表情、一个眼神、一个动作都能让对方感受到我们的情感状态，这也直接影响着对方接收信息的程度。同样的信息，用冷冰冰的话和热情有温度的话来传递，会给员工带来截然不同的感受，甚至会让员工对这些信息产生不同的理解。

案例 18-4

说话不当酿成的大败

公元前 607 年，宋国大夫华元率军攻打郑国。战前，华元吩咐炊事员给大伙加餐，每人分一大块羊肉。华元亲自到军营察看，给士兵们鼓劲。饭后，华元让士兵们回到兵营好好休息，自己则坐车回府用餐。他的马夫羊斟心里很高兴，心想："我一直随着将军来回奔波，

没有功劳也有苦劳，这回士兵都到得了犒劳，想必将军也会让我跟他一起吃顿大餐了。"想到这里，他的口水都流了出来。

然而，到了将军府门口，华元却对他说："羊斟，你去兵营用餐吧，明天一早来接我。"羊斟闷闷不乐，回到兵营，吃了点冷饭凉菜。炊事兵打趣地对他说："羊兄弟，小灶都吃了，还不放过我们这点剩饭啊？"

羊斟又回到将军府，通报了半天，他才得以进去。进去之后，他发现华元将军已经吃过饭了，正边打嗝边看书。华元头也不抬地问他："你有什么事吗？"羊斟尽力平静自己心情说："将军，您今天下令宰羊犒劳三军，是不是每个人都应该有份啊？"华元慢慢悠悠地说："是啊。怎么啦？"羊斟委屈地说："可是我回去的时候，羊肉已经吃完了。"华元说："这样啊，唉，你要是早点过来的话，这里还有不少我吃剩下的羊肉呢。可惜你来得太晚了，仆人们已经拿去喂狗了。"

这一晚，羊斟辗转反侧睡不着，他一直沉浸在今天受到的屈辱中。心里暗暗发誓："你们都小瞧我，对我不仁，那就别怪我对你们不义了。"

第二天两军相遇，双方摆开阵势，互相厮杀正酣的时候，羊斟突然喊道："驾！"他使劲儿将马抽打了一下，马车立刻飞速向郑国的阵营里冲去。大将军华元大惊失色："你小子疯了，想干什么？快停车！"羊斟一边快速赶马，一边带着复仇的快意对华元说："大将军，我没疯。我怎么会疯呢？我只是想告诉你，谁的地盘谁做主！昨晚分羊肉的事情你说了算，今天驾车的事，可就得由我说了算。"结果，大将军还没有明白怎么回事，就被羊斟拉进郑国的大营里稀里糊涂地成了战俘。就这样，一场精心准备大战，就这么失败了！

（资料来源：笔者根据相关资料整理）

　　华元将军一番"冷冰冰"的话让马夫羊斟彻底心寒，导致一场精心准备的大战以失败告终，可见语言的温度有多么重要。管理者说话的温度，决定着员工工作的态度。为了让员工能够更好地接收和理解自己想要传递的信息，不妨做一个有心人，让自己的话语变得更加有情感、有温度。

　　做一个有情感、有温度的管理者，应该掌握有温度的说话技巧（如巧技能 18-1 所示）。

◆◆◆ 巧技能18-1

有温度的说话技巧

发自内心的真诚	聊天的温度可以通过技巧营造，但真正给予别人温暖的是自己的真诚
换位思考，替对方着想	真正站在对方的角度，理解对方的感受和需求，表达自己的关心
语气得当	正常情况下语气要温和一些，特殊情况下语气也要配合对方的情绪变化。比如，对方正在分享喜悦的事情时，就不能用懒洋洋的语气回应
积极回应	专心听对方讲话，并积极做出回应，回应时多用一些积极的词语（如"好的，没问题""挺好的"）来代替敷衍的词语（如"嗯""哦""好""知道了"）
运用身体语言	使用一些肢体动作或眼神、表情，让对方感受到自己真挚的感情

场景 19：如何有效开会

> 开会要开小会，开短会，不开没有准备的会。会上讲短话，话不离题。
>
> ——邓小平

会议是人类社会活动中不可或缺的一种沟通方式，也是组织管理活动的基本形式和手段。历史上有许多著名的会议："雅尔塔会议"左右了第二次世界大战后的世界格局；"遵义会议"挽救了中国共产党和中国革命；华为的"转型会议"直接决定了华为手机的命运……会议的重要性可见一斑。那么，管理者如何才能有效开会呢？

一、开会是个技术活儿

作为组织管理中经常采用的一种沟通方式，会议也占据了管理者日常工作的绝大部分时间。研究群体协作的专家迈克尔·多伊尔和大卫·斯特劳斯在《开会的革命》一书中写道：如果你是中层管理者，每周可能有大约 35% 的时间用于开会；如果你是高层管理者，每周用于开会的时间更可能超过 50%。层级越高的管理者，要开的会议就越多。对于部分管理者而言，开会甚至就是管理的全部。但凡事情都是"双刃剑"，会议也是如此。

高效的会议沟通无疑会使思想激流碰撞，解决团队分歧，统一团队思想；高效的会议沟通会为个人工作提供"主心骨"和"助力器"，也会为组织和集体发展提供"源动力"和"发动机"。

低效的会议沟通对于组织而言是一种资源浪费，对于员工而言无异于一种酷刑折磨。开会时七嘴八舌，冗长拖沓，沉闷低效，越开越无聊，越开人心越涣散。甚至有人指出，不少组织其实是开会开垮的。

案例 19-1

文 山 会 海

管理者如果缺乏会议管理技巧，不仅会导致自己整日沉溺于文山会海中不能自拔，员工也会跟着"遭殃"。2018 年央视春晚的一个小品节目《提意见》正是这种窘境的真实再现，节目中王宏坤向领导反映道："咱们单位的会实在太多了！厂子召开了关于落实上级严禁酒后驾车的会议。紧接着，咱们处里带着人马上又召开了学习此次会议精神的会议，处里开完了食堂开，食堂开完了炊事班开，伴随而来的是 1000 字、2000 字、3000 字、4000 字的心得体会。结果呢？开饭的时候，同志们都等着急了：'都几点了，炊事班还出不出菜了？'大厨们无奈地说：'菜，是出不来了，炊事员都在后屋集体出书呢！'"

该小品采用幽默有趣的形式讽刺了官僚主义和形式主义，折射出目前组织中普遍存在的文山会海的现象，真真切切地击中了管理者的痛点。一家国企的部门经理张平在看完小品后有感而发，也吐露了自己的心声："作为一名员工，我也不喜欢开会。但作为一名管理者，我又不得不开会，要及时将上级部门的会议精神传达给下属，布置工作和解决问题。由于上班时间我需要参加上级部门的会议，所以就只能下班后给下属们开会。员工们虽然不敢直接表达不满，但其消极态度直接体现在了开会中。以前开会总是我一个人在讲，底下一片死气沉沉，让他们发表意见也只是表示支持我的看法，实际落实过程中却发现一大堆问题。于是我调整了方案，为进一步调动大家的积极性，倡导大家自由发言，但大家七嘴八舌，说着说着就跑题了，原本1小时的会议硬是拖成了3小时。问题还是没有得到解决，只能重新再召开一次会议，这样的现象每周都要重复，久而久之，员工们又不愿意发言了，一听到开会就表现出各种不满。两个月下来，可以明显感受到员工们没有以前那么积极了，我的命令也不管用了，部门业绩也直线下滑，原本应该平步青云的我，却卡在了会议这一关，我也不知道问题到底出现在哪儿？这会到底应该怎么开？"

（资料来源：笔者根据相关资料整理）

　　张平经理的烦恼想必也是众多管理者需要面对的难题。开会是管理过程中的一个必要环节，但很多会议不但无助于问题的解决，反而使得有待解决的问题越来越复杂。频繁的会议不仅造成员工工作效率低下，还无形中增加了组织的管理成本。

　　会议是一个集思广益的渠道，是一个思维集合的载体，是任何其他沟通方式都无法替代的管理方式。因为这种沟通方式最直接、最直观，最符合人类原本的沟通习惯。无论是在政府单位、国企、私企还是在外企中，会议都是管理过程中的一个必要环节，会议的成效直接关系到管理的成败，所以掌握会议沟通的技巧也就成了管理者的必修课。

二、会前：做好充足的准备

约翰·麦克斯韦尔曾指出："召开成功会议的秘诀是做好会议之前的准备工作。"会前投入的时间和精力直接决定了会议召开的效率和结果，聪明的管理者不开无准备的会。

案例 19-2

"战士型"企业的开会模式

某快消品企业总裁在创业初期抓住市场机遇，实现了企业的快速成长。这样的"战士型"企业，员工在广大的地域分散作战，要求管理简化、指令清晰、步调一致、反应迅速、集中精力奋勇作战。

可是随着企业规模的扩大（已在全国建立了 30 多个分支机构，拥有 500 多员工），企业的管理方式并未从原先小规模的状态中调整过来，尤其是在开会这件事上——老总在总部的时候习惯随时要求高管来开会，高管们也不得不"听宣上奏"。有些在外地出差的分公司经理，即使有三四个小时的车程，也得中止工作赶往总部；实在没有办法赶到的，也需要在分公司参加视频会议。

这样的会议，事先并无规划，议题和思路都在老总一个人的脑袋里，会议内容常常"跑偏"。参加会议的人的计划被打乱，对会议的内容也无法提前思考，往往会议结束了，还是摸不着头脑。这家企业的高管曾经大倒苦水："下班后开会，一开就是四五个小时，开到深夜是常事儿。"这样下来，人乏马困，连白天工作的精力都被消耗不少。

（资料来源：笔者根据相关资料整理）

正所谓"台上一分钟，台下十年功"，开会也是同样的道理。为了确保正式的会议顺利进行，在大会之前不妨先开个"小会"，讨论确定会议的相关信息。

（一）质疑会议的必要性

会议是团队沟通的一种有效方式，但并非唯一方式，而且会议容易造成人力成本和时间成本的浪费。所以在召开会议之前，要质疑是否有必要召开此次会议，是否有更好的沟通方式。

（二）明确会议的两个关键点

（1）明确会议的主题，或者说是会议的目的。召开此次会议围绕什么话题，要解决什么问题。（2）明确会议的流程。会议分几个部分进行，按照什么样的程序开展讨论，每个部分要达到什么效果。

（三）确定会议的三个要素

（1）确定参会人员。需要邀请和通知哪些人员参加此次会议，如何通知，尤其要注意参会人员的比例结构。（2）确定会议时间。包括会议召开的时间和开会时长，在确定会议时间的时候要考虑参会人员是否能够出席。一般而言，上午 10 点至 12 点是开会的黄金时间段。（3）确定会议地点。应该考虑会议规模、交通、设备等因素，并提前到会场检查，确保会议能够正常进行。

当然，会前还有许多准备工作要完成，尤其是准备会议所需的材料。如果条件允许，提前模拟召开会议能够更好地把握整个会议流程。

三、会中：扮演好多个角色

召开会议是一个求同存异的过程，参会人员在年龄、性别、岗位、文化和角色上都有所差异，要将各项资源和各方意见整合到一起，得出能够解决问题的结论，就需要管理者在会中扮演好多个角色。

（一）控制者

会议开展的效率绝大部分取决于管理者的控制效果。首先，应该严格控制时间，准时开始、准时结束，避免员工产生抵触心理。其次，要恰当控制流程和时长，确保各项议程按计划有序进行，及时将讨论方向拉回正轨。至于开会的时长，苹果公司的创意总监建议"会议最好不要超过 30 分钟"，一个小时也在可接受范围内，而一个半小时则是可容忍的临界值。建议开会时严格限定每个人的发言时间，避免长篇大论。最后，要严格控制纪律，不要让参会者过于舒服（如果时长较短，站立式会议也许是个不错的选择），严禁开会玩手机。当然也不要让参会者过于难受，5~10 分钟的休息时间可以让参会者适当放松，转换思路。

（二）引导者

管理者在会议中是一个"强者"，"强而霸"的表现往往会带来糟糕的结果。会议沟通不是只有一个人的发言，而是一群人的集体智慧的碰撞与交汇。管理者与其一个人唱独角戏，不如扮演一个"引导者"，引导参会人员踊跃发言，积极互动讨论。不建议开灌输式的会议，而要开讨论式的会议，适当地引导参会者开展建设性讨论是有必要的。

（三）巧者

开会是个技术活儿。冷场、争辩、七嘴八舌等现象都有可能在会议中发生，要搞定这个技术活儿，管理者就要扮演好"巧者"的角色，掌握相关的巧技能（如巧技能 19-1 所示）。

四、开会后：闭环式跟踪管理

"散会不追踪，开会一场空"，不少管理者容易忽略会后的跟踪，以为开完会就已经完成了自己的传达工作，导致会议没有形成闭环管理，直到发现问题才后悔莫及。一个完整的会议，缺少不了会后的跟踪管理。

巧技能19-1

会中的管理技巧

讲话的技巧	声音,语气、语调要抑扬顿挫,无关紧要部分可适当加快,但讲到精彩部分或核心内容时要放慢语速,提高音量 神态,要展现出自信和魄力,适当的微笑有助于拉近与其他人的距离 动作,讲话时可以配合使用一些必要的手势,但注意不要对别人指手画脚
打破沉默、冷场的技巧	表情、神态上要表现出对他人的发言非常感兴趣 创造平等的发言机会 采用幽默风趣的表达和生动的故事缓和气氛 主动邀请欲言又止的人发言
制止争吵的技巧	引导建设性辩论,但要控制好火候,发现有争吵的趋势要及时制止 对于暂时难以得出结论的重要议题,可由双方做进一步准备之后再议 首先自己要保持冷静,一旦双方发生争吵,要肯定双方的合理观点,但要对表达方式加以矫正
批评和赞扬的技巧	尽量不当众批评,即使批评也要对事不对人 批评不能一味言语攻击,要客观指出其不足,并告诉正确的做法 赞扬对方的工作和成绩,要实事求是 赞扬的目的除了鼓励个人,更要发挥其榜样作用

案例 19-3

三星公司的会议文化

三星公司的会议文化可以概括为 11 个凡是：凡是会议，必有准备；凡是会议，必有主题；凡是会议，必有纪律；凡是会议，必有议程；凡是会议，必有训练；凡是会议，必须守时；凡是会议，必有记录；凡是会议，必有跟踪；凡是会议，必有结果；凡是结果，必有责任；凡是责任，必有奖罚。具体开会又是怎么做的呢？首先，在确定开会的时间上，坚持"周三不开会"原则，因为周三是员工工作状态的巅峰时刻。其次，三星公司不开无准备的会议，从确定会议目的、参会人员到开会通知与准备会场，都需要经过精心筹划。紧接着，严格限制开会时长，在会议室中放置一个沙漏，最多不超过 1.5 小时。不仅如此，三星公司还采用佳能公司的"站立式"会议形式，并鼓励大家讨论。最后，三星公司采取一贯的做法——将会议内容整理成一张纸发给每一位参会者和相关人员，并积极听取员工们的会后反馈。

（资料来源：笔者根据相关资料整理）

除了三星公司的会议形式，还有许多比较成功的会议形式，如通用电气公司的"城镇会议"、美国石油公司的"开放会议"、MOBIS的"改变会议"等。总体来看，这些会议形式有两个明显的共同特征：一是高效；二是闭环，具体表现在有计划、有行动、有总结、有改进。

在每一次会议结束之后，做好以下三件工作将会事半功倍。

（一）会议总结

会议结束时，管理者要总结本次会议的主要内容，并吩咐会议记录员快速整理会议记录，分发给每位参会者和相关人员。会议总结既能确保大家了解会议内容，又能促进整个团队不断学习，同时还能提高下一次会议的质量和效率。

（二）反馈交流

对于重要的会议，会后写"心得体会"也有一定的意义，但要杜绝"形式主义"。写"心得体会"的目的是要给那些在会上"不敢说"或"来不及说"的人员提供一个反馈交流的机会，也许会下的发言比会上的讨论更有价值。

（三）跟踪落实

正所谓"会必议，议必决，决必行，行必果"，每次会议的具体内容要进一步落实到实际行动中，要指定各项任务的负责人和具体期限，及时跟踪进展情况，以便于动态监管和及时调整方向。

总体来说，开会是个技术活儿，需要管理者掌握会前、会中和会后等环节的相关沟通技巧，并形成高效的闭环管理模式（如图 19-1所示）。

图 19-1　会议的闭环管理模式

场景 20：如何赞美员工

> 期望得到赞许和尊重，它根深蒂固地存在于人的本性中，要是没有这种精神刺激，人类合作就完全不可能。
>
> ——爱因斯坦

人人都渴望赞美，但并非人人都会赞美。赞美也需要运用一定的技巧。

一、人人都渴望赞美

卡耐基在《人性的弱点》一书中指出："每个人的天性都是喜欢被别人赞美的。"无论是身居高位，还是地位卑微，无论是刚入职的小青年，还是即将退休的老员工，人们普遍希望得到别人的赞美。

案例 20-1

赞美的力量

韩国某大型公司的一个清洁工，本来是一个最容易被人忽视和看不起的角色，但就是这样一个人，却在一天晚上公司保险箱被窃时，与小偷进行了殊死搏斗。

事后，有人为他请功并问他的动机，他说："当公司的总经理每次从他身旁经过时，总会竖起大拇指赞美他'你地板扫得真干净'。"

简简单单的一句话，就让员工大受感动，并且为了公司利益不顾生命。

（资料来源：笔者根据相关资料整理）

每个人都有较强的自尊心和荣誉感，赞美能激发和满足人内在的自尊，当受到别人的赞美之后就会极力去维护这份荣誉。

对于员工来说，都希望得到管理者和其他员工的认可。每当员工完成一项任务时，虽然表面上可能假装毫不在意，但心里却是默默期待着管理者的赞美；而管理者如果忽略了这个细节，员工反而会产生一种挫败感，"反正管理者也看不见，干好干坏都一样"。

对于管理者来说，赞美可以提升领导力，同时也是花费最少、收益最大的管理沟通艺术。赞美员工可以赢得员工的好感和信任，可以给那些不太自信的员工以极大的激励，也可以激发员工的工作热情和积极性。赞美是一种有效而且不可思议的力量，是提高绩效的良药。

二、赞美是一门艺术

没有不渴望被赞美的人，只有不会赞美的人。不少管理者错误地认为，不是自己不喜欢赞美员工，而是找不到赞美的理由。事实上，赞美也很简单，只需管理者在工作生活中多用点心。

案例 20-2

赞美出来的大作家

奥尔良公爵是一位法国巴黎知名的大善人。有一天，一个穷困潦倒的年轻人找到奥尔良公爵，希望能在他这里得到一份工作。年轻人告诉奥尔良公爵，他从乡下来，但他没有任何特长，也没有学过什么手艺，所以很难找到工作，只要奥尔良公爵能收他落脚，让他做什么都愿意，哪怕是当一个普通的清洁工。

奥尔良公爵倒是想帮助这个落魄的年轻人，但是他的秘书处真的不缺人，他想了想对年轻人说："你给我留一个地址，如果真有需要，我马上派人去找你！"年轻人千恩万谢地在纸上写下了自己的地址和名字，奥尔良公爵拿起来一看，惊呆了，那上面的字写得非常漂亮，可以说他的秘书处没有一个人写的字能与此相提并论。奥尔良公爵微笑着问年轻人："你刚才说你没有任何特长？"

年轻人惭愧地挠挠头皮说："是的，我没有任何特长，所以我能胜任的工作并不多！""不，不，你的特长就是能够写一手漂亮的字！"奥尔良公爵说，"如果你愿意，我希望你能在我的秘书处做一名抄写员！""这也算是特长吗？真是太好了，我非常愿意从事这份工作！"年轻人大喜过望地说。就这样，奥尔良公爵收留了这个年轻人，让他做了一名普通的抄写员。

时间一天天过去，奥尔良公爵觉得这个年轻人能写这么一手好字，只是做一份抄抄写写的工作真是太可惜了，于是他鼓励年轻人说："你的字写得这么好，为什么不尝试自己创作一点文学作品呢？那会比抄写文书更有意义！"

"创作文学？天啊，我从没想过，我可以吗？"年轻人问。"当然可以，只要你多读书，多观察生活，多用你这手漂亮的字把心里的想法写下来，那就是在创作文学了！"奥尔良公爵认真地说。年轻人若有所思，此后孜孜不倦地每天读书，每天都细细地品味生活，挖掘社会问题，慢慢地，他开始尝试写剧本。半年后，他的处女作《亨利第三及其宫廷》一问世就震惊了整个巴黎乃至法国，成为举足轻重的剧作家和小说家。后来，这个年轻人用了毕生时间完成了300多卷作品，其中最具代表性的作品就包括《三个火枪手》《基督山伯爵》《卡特琳娜·霍华德》和《放荡与天才》等剧本和小说。没错，他就是法国19世纪著名的浪漫主义作家大仲马。

"有人说我是文学天才，其实我是被奥尔良公爵赞美出来的，那一切都不是我与生俱来的能力，而是奥尔良公爵给我的赞美和鼓励成就了我，那一切都是赞美与鼓励的魅力！"成名后的大仲马每次说起自己的成就，都会这样心怀感恩地提起奥尔良公爵。

（资料来源：笔者根据相关资料整理）

一个普普通通的年轻员工，在他人眼里可能毫无优点，但奥尔良公爵发现了他的过人之处，并且真诚地送上了赞美，让这位落魄的年轻员工摇身一变成为了著名的浪漫主义作家。所以，身为管理者，千万不要吝啬自己的赞美。当然，并非所有的赞美都能使对方感到愉悦，不恰当的赞美反而会产生相反的效果。要想真正发挥赞美的效果，管理者应该掌握以下10个赞美的技巧（如巧技能20-1所示）。

巧技能 20-1

赞美的技巧

赞美要真诚	赞美的第一原则就是要真诚。所谓的真诚就是要发自内心，要让对方感受到自己的心意。（1）赞美时要端正态度。如果在赞美别人时一边翘着二郎腿，一边读报、喝茶，敷衍地说一句"你做得很好"，反而会让员工觉得管理者不尊重自己。（2）赞美要适度。赞美别人不能夸大其词，过分的赞美反而会让员工觉得管理者是在嘲讽自己
赞美要具体	赞美不能总是一句空洞的话语，而是要列出具体的事实。当赞美一个人"真棒""真漂亮"时，其内心深处立刻会有一种心理期待"我棒在哪里""我漂亮在哪里"，如果没有具体化的表达，结果反而会让员工感到失望
赞美要巧用对比法	通过与自己对比来压低自己，突出员工的优点，自然会赢得员工的好感
赞美要及时且随时	赞美要及时，当员工出色地完成一件工作时，应当及时送上真诚的赞美；如果等事后再赞美，则无法起到激励人心的效果。赞美要随时，要养成赞美别人的习惯，学会发掘别人值得赞美的地方，随时随地送上自己真诚的赞美
赞美要因人而异	每个人的性格、年龄、需求、阅历、岗位不同，所喜欢的"被赞美的方式"也有不同之处，管理者要学会因人而异，针对不同的员工采取不同的赞美标准和赞美方式
对细节的赞美更能出其不意	赞美要从细节入手，要注意观察员工的变化，尤其是员工自身都没意识到的细节。对细节的赞美不仅可以给人意想不到的惊喜，还能帮助管理者树立一个细心体贴、善解人意的形象
公开的赞美更能发挥效果	公开的赞美更能满足员工的自尊心和荣誉感，更能增强员工的自信心和工作积极性。不仅如此，通过公开赞美，相当于树立了一个榜样（相当于告诉所有人，表现突出的人是会得到赞美和认可的），能够激发其他员工奋力追赶

续表

间接的赞美 更能打动人心	背后的间接赞美，有时比当面恭维更有效。当员工得知自己的管理者在别人面前经常提起自己和赞美自己时，心里难免会好奇管理者是怎么赞美自己的。通过这种间接的赞美方式，员工更能感受到领导的真诚
有创意的赞美 更能令人愉快	陈词滥调、一成不变的赞美久而久之就失去了激励人心的效果，反而会惹人生厌。有创意的赞美更能令人感到愉快，创意可以体现在赞美的内容和赞美的表达方式上，如可以增加一些对方没有听过的赞美内容，也可以通过比喻、小故事等方式来表达
学会赞美 每个人	在一个优秀的管理者眼里，每位员工都是一块闪亮的金子。要善于发现每个人的长处，学会赞美每位员工。其中，业绩突出、能力出众、勇于提建议、能够影响整个团队、做实事却默默无闻、忠于组织的员工值得重点赞美

三、培养赞美的文化

赞美的力量是无穷的，不仅能激发员工的热情和工作积极性，也能提高管理者的领导力。而要在团队中真正发挥赞美的作用，除管理者的口头赞美外，还应该在团队中培养形成赞美的文化。

首先，要将口头赞美和其他奖励方式相结合，如奖金福利、表彰大会、荣誉称号、晋升、培训和授权等，充分发挥赞美的作用。

其次，鼓励员工自己赞美自己，尤其是对于那些不太自信的员工。通过自我赞美，让员工认识到自身的优点与长处，增强自信心。通过自我赞美，也能让员工更全面地认识自己。

最后，鼓励员工相互赞美。相互赞美和鼓励可以在团队内部营造一个积极向上的氛围，也能促进员工之间的和谐关系，提高整体士气，在潜移默化中形成团队的赞美文化。

场景 21：如何批评员工

> 谴责是为了使他们免蹈覆辙，也让别人引以为鉴。
>
> ——蒙田

对于管理者而言，员工犯了错误就应该及时批评指正，一方面是为了员工自身的未来发展着想，另一方面也是为了团队和组织的发展着想。但批评员工是一种不轻松也不容易做好的沟通工作，如果批评不当，不但会影响员工的情绪，甚至会造成激烈冲突，进而影响管理者的权威和整个团队的氛围。因此，管理者需要掌握批评的技巧，学会换位思考，认真对待批评之前、批评之中和批评之后的每个细节。

一、批评之前，了解真相与自我批评

"你怎么这点事都做不好！"工作生活中，有些管理者经常因为一时激动就不分青红皂白对员工破口大骂，结果发现是自己误会了员工，这时再想挽回已经太晚了。

案例 21-1

被错怪的勇敢士兵

第二次世界大战期间，美国太平洋战区司令官布莱德雷有次奉命要执行一次危险而紧急的任务。于是他立刻召集了手下将士，排成一

个长列。"这次我们的任务既艰巨又危险!"布莱德雷瞟了大家一眼,
"哪位愿意冒险承担这项任务,请向前走两步……"

此时适逢一位参谋递给他一项最新的战报。于是布莱德雷和这位
参谋开始处理这份战报,等到他处理完战报,再面对行列中的将士时
发现,长长的队伍仍然是一条直线,没有一个人比旁边的人多向前走
两步。

他按捺不住了,两眼发出火辣辣的光芒。

"报告司令!"站在最前排的一个人要向他禀报点什么。

布莱德雷一挥手,阻止住了他,愤怒地说道:"养兵千日,现在
情况紧急,竟然没有一个人站出来,养你们还有什么用?"

"报告司令,"还是站在最前排的那个人说,"我们刚才每个人都
向前跨了两步,所以仍然是条直线。"

（资料来源:笔者根据相关资料整理）

听完士兵的汇报之后,布莱德雷将军才意识到是自己错怪了这些
勇敢的士兵。很显然,布莱德雷将军因为一时情绪激动被愤怒支配了
言语,忽略了一个原则:批评的前提应该是事实清楚,责任分明,有
理有据。职场中也是如此,管理者在批评员工之前,应该先了解清楚
事情的真相,并学会自我批评,先从自己身上找原因。

（一）开展全方位调查,客观了解真相

不客观的批评最容易引起员工的抵抗情绪,从而拒绝接受批评。
在听到员工犯错的消息时,管理者首先应该克制自己的情绪,怀着"我

得先了解事情真相"的心态去面对。切忌只根据片面消息就妄下定论，不妨多听听其他当事人的看法，并开展全方位的调查，了解整个事情的来龙去脉。

（二）批评别人之前先批评自己

华为领导人任正非对组织的干部提出了一条严格的规定：不能自我批评的干部，全部免职！在批评员工之前，管理者应该先开展自我批评，客观地认识自己在这个事件中的不足和应该承担的责任，也就是先从自己身上找原因。我们要用放大镜来看自己的错误，用相反的方法来对待别人的错误，才能对自己和别人有一个比较公正的评价。

二、批评之中，换位思考和巧妙沟通

正所谓"恶语伤人六月寒"，管理者如果批评不当，一句话就有可能激化矛盾，随之而来的是领导权威的崩塌、员工的愤然离职和团队的躁动不安。管理者在批评员工之前，不妨先问问自己"为什么要批评这名员工"。是为了宣泄自己的不满情绪吗？当然不是！对于一个成熟的管理者而言，批评员工是为了让员工客观地认识自己的错误并积极做出改进，只有以理服人、以情感人才能让员工心服口服。

案例 21-2

一次巧妙的"批评"

人来人往的银行大厅里突然传来了两人的争吵声。原来是银行员工李某和客户发生了争执。孙经理连忙上前制止了二人的争吵，并轻轻地把李某拉到旁边，语气平和地对他说："让我来处理吧！"紧接着，孙经理态度诚恳地向客户道了歉，迅速安抚了客户的情绪，并提出了相应的解决办法，客户这才满意地离开。

随后，孙经理把李某带到了自己的办公室，礼貌地招呼他坐下，并亲切地说道："你详细跟我说说事情是怎么发生的。"

听完李某的一番描述之后，孙经理又关心地说道："我刚来时，见到这样的客户也很紧张，特别理解你！但是回过头来想，我们确实有做得不对的地方。遇到刚才那种情形，我们下次应该这么做……"

李某耐心地听完孙经理的教导，并频频点头表示赞同。最后，孙经理拍了拍李某的肩膀，高兴地说："回去好好总结一下，我非常看好你，相信你能做得更好！"

于是，李某当天下班回家后立马做了深刻的总结，写了整整5页纸。

（资料来源：笔者根据相关资料整理）

面对员工李某的过错，孙经理并没有当场斥责他，而是先安抚客户的情绪，再把李某带到办公室进行深入交谈。交谈期间，孙经理也没有责骂李某，而是将心比心，有理有据地指导李某认识到自己的错误并积极改正。这种巧妙的"批评"不仅让员工心服口服，还能帮助员工改正错误。结合上述案例，我们总结了有关批评的几个技巧，具体介绍如下。

（一）批评要注意场合，尽量选择私下批评

尊严在任何时候都不应该被侵犯。对于员工来说，他也许会承认错误，但无法接受公开批评的方式，因为这有可能使他颜面尽失，从而对管理者充满敌意，这样的效果就违背了批评员工的初衷。因此，批评员工时一定要注意场合。

如果是一些私密问题，应该选择私下批评教育；如果是员工正在和顾客沟通，不可当面指出错误，而是要帮助员工巧妙地掩饰过去，过后再提出来；如果是工作上的失误，应该先在私下批评，并在工作会上提醒大家不能再犯这样的错误，让所有员工共同吸取教训；如果是性质严重的倾向性问题，则需要在公开场合进行批评，纠正不良风气。当然，最好是选择私下批评，因为员工从心理上更容易接受。

（二）让员工先阐述，再确认真相

虽然管理者自认为已经很清楚整个事件的真相，但在批评员工时还是要认真地倾听员工对事件的解释。这样做，一方面有助于员工认识到自身的错误；另一方面，有助于管理者重新认识真相。所以，在批评员工时，应该先耐心地问一句："事情到底是怎么回事？你详细地跟我说说。"

（三）用同理心和宽容心对待

听完员工的阐述之后，结合管理者之前掌握的信息，相信已经对

整个事情有了大致的了解，这时也不必急着开口批评，而是要用同理心想想"自己在同等条件下是否也会犯同样的错"。说话时要先表示同情、理解对方所犯的错误，送上关心和体贴的话，使对方减少害怕和抵触心理。

巧技能术语

"圣人也会犯错，我曾经也犯过这样的错，我特别能理解你，但是犯了错我们就要积极改正。"

面对员工的过错，要懂得宽容。要考虑员工犯错的原因，如果是由于外界条件所导致的，或者是员工的无心之举，则不应该过度批评。如果对员工过于尖酸刻薄，每次都抓着小事斤斤计较，那么员工就会离管理者越来越远。当然，宽容也有限度，对于行为失德、懒惰、态度恶劣的员工则需要及时批评指正。

与此同时，管理者在开口批评员工之前还需要考虑对方的性格、心情、状态等因素，了解员工是否正经受着较大挫折，是否能承受住批评。也许员工是因为家庭变故等原因才导致工作不在状态，这时候员工更需要的是安慰和支持，而不是批评。

（四）有理有据，对事不对人

在批评员工时一定要有理有据，帮助员工分析在哪些地方没有做好、为什么没有做好。批评的语气不能过于激烈，而是要用平和的语气，循循善诱，举出具体的事例，引导员工一步步认识到自己的过错。

批评员工的一个核心原则就是"对事不对人"。批评的目的是让员工意识到自己的错误并回到正确的"航道"上，而不是去诋毁其人格。在批评员工时，最好不要说下面这些话：

➢ 你怎么这么笨，这点事都做不好，你是干什么吃的？

➢ 到底是听你的还是听我的？

➢ 你比×××差太多了！

➢ 我真后悔把这件事交给你去做！

➢ 你做事情时带脑子了吗？

➢ 你如果做不了，就让别人做！

➢ 公司养你有什么用？

➢ 好了，你不用辩解了，自己看着办吧！

➢ 干得了就干，干不了就走人！

➢ 如果是我，我就不会犯这种低级错误！

请记住，就算是员工犯了错，也不应该侵犯员工的尊严。只有尊重员工，员工才愿意听管理者的批评和教导。

（五）亲自示范，提出改进建议

指出员工的错误，很多人都可以做得到，但真正难能可贵的是指出错误后还可以告诉员工如何改正错误。如果管理者只会用居高临下的态度要求员工改正错误，却不给出具体的方法和建议，员工反而会觉得管理者可能还不如自己。

　　正确的做法应该是，在指出员工的错误之后，管理者亲自示范，告诉员工在同等条件下自己会怎么做。通过对比，员工能够更深刻地认识到自己在哪些方面没做好，同时也学到了改进的方法。

　　批评只是管理过程中的一种常见手段，并非必要手段。如果可以，管理者尽可能采取其他方式来代替批评（如巧技能21-1所示）。

◆◆◆ 巧技能21-1

替代批评的几种方式

先扬后抑	先肯定和表扬员工的贡献和优点，再提出改进的建议，可以这样说"你的贡献我是看在眼里的，不得不说你已经做得非常好了，值得表扬。但是，为了接下来能够做得更好，可以在这几个方面优化改进……"
间接暗示	有些员工不喜欢被当面指出错误，对于这些员工，可以采用间接暗示的方式。比如，让员工们相互提醒，用婉转的语言或幽默的语言让员工领会到自己的意思
聊天谈心	聊天谈心是轻松愉快的，而批评指责是紧张不安的。如同拉家常的聊天方式，可以让员工愉快地承认错误并积极改进
自我批评	最好的批评是自我批评。可以在批评员工之前先让员工自我批评总结，也可以定期召开自我批评大会，让员工在会上总结经验教训和不足之处
团队文化	管理者不可能每次都亲自批评员工，这就需要管理者把团队倡导的"批评与自我批评"的价值观、行为方式塑造成团队的文化氛围，让团队成员代替自己去互相监督和批评

三、批评之后，安抚情绪并监督改进

员工在听到管理者的批评之后，难免会情绪低落。如果管理者能够及时送上安慰和鼓励的话语，就能真正发挥批评的效果。

案例 21-3

松下幸之助的批评技巧

松下幸之助被尊称为"经营之神"，他有这样一句名言：挨骂就是进步的原动力。正是由于他的这句名言，不知道有多少下属被他骂得狗血淋头，面子扫地，有的甚至直接昏倒在地。可是，令人不解的是，这些人中却没有人因此而辞职，反而更加积极地工作。员工之所以对他既敬又怕，皆归功于松下幸之助骂的技巧。

一次，松下幸之助手下的后藤清一做错了事情，松下幸之助勃然大怒，破口大骂，甚至连手上拿着的打孔机也用来敲桌子，把打孔机都敲歪了。

松下幸之助的情绪平复之后，温和地对后藤清一说："对不起，刚才我太生气了，以致把打孔机都敲坏了，能不能麻烦你帮我把它扳正呢？"

挨了骂之后的后藤清一原本只想尽快离开松下幸之助的办公室，但无奈之下也只好接受松下幸之助的要求，拿着打孔机在一旁敲敲打打，心情也渐渐平复了许多。

把打孔机扳正之后，松下幸之助称赞后藤清一说："你做得很好，这打孔机被你修得跟原来一模一样呢！好了，你可以回去了。"

当后藤清一走出松下公司的大门时，松下幸之助的秘书已经按照松下幸之助的吩咐守在门口，等着护送他。后藤清一离去之后，松下幸之助又悄悄打通了他家的电话，告诉后藤清一的老婆："今天你丈夫回家后心情可能会不太好，麻烦你多安慰他。"

后藤清一带着一肚子委屈回到家，原本打算直接辞职不干的，但没想到董事长早已向家人交代了安抚措施，这让后藤清一更加佩服和尊重松下幸之助了。

（资料来源：笔者根据相关资料整理）

我们不提倡松下幸之助怒骂员工的方式，但我们欣赏松下幸之助在责骂员工之后的暖心举动。管理者在批评员工之后，一定要留心观察员工的情绪变化，及时为员工送上关心和体贴，安抚员工的情绪，让员工明白批评的目的。此外，也要及时为员工加油打气，附上"加油，我很看好你，相信你会做得更好"之类的话，鼓励员工做得更好。

当然，光是批评还不够。许多员工在接受批评之后很有可能会再犯同样的错误。所以管理者既然提出了批评，就要负起责任，持续监督员工的改进情况，让员工知道管理者还在关注自己，直到员工不再犯同样的错误。

场景 22：就职演说

> 一个人永远不会有第二次机会给人留下第一印象。
>
> ——莎士比亚

"良好的开始是成功的一半"，管理者新上任面临的第一个挑战就是——就职演说。有些管理者并没有认识到就职演说的重要性，只是用轻描淡写的几句话表达感谢和自我介绍，殊不知就职演说的质量会直接影响员工们对管理者的印象，也会直接奠定接下来的管理基调。一次成功的就职演说可以帮助管理者树立良好的形象和威信，可以在管理者和员工之间迅速搭起一座桥梁，为今后的工作打下良好的基础。

一般来说，一个相对完整的就职演说应该包括以下五个部分：开头问候、自我介绍、现状总结与个人看法、目标与任务要求、未来展望。

一、开头问候

作为开头铺垫，需要通过亲切的问候拉近与大家的距离，真诚地表达自己的感激之情，用虚心谦卑的姿态给听众树立良好的第一印象。在表达过程中，态度要诚恳，通过庄重而又激昂有力的语气，让听众感受到自己真挚的情感。

巧技能术语

"尊敬的各位领导，亲爱的同事们：

大家好！

我是×××，承蒙各位领导和同事们的信任与支持，非常荣幸能够担任×××这一职位。在此，我诚挚地向各位领导和同事们表示最衷心的感谢！我深刻地认识到，这次任职不仅是对我的一种肯定与鼓舞，更是对我的一份希望与重托，我一定会好好珍惜这次机会，虚心向各位学习，努力完成各项工作，不辜负大家对我的信任。"

二、自我介绍

自我介绍应该尽量简洁，突出要点和业绩。至于一些不重要的基本信息可以省略不说。

在介绍自己的工作经历时，语气、语调不要太张扬。要想让员工认同和尊敬自己，靠的不是慷慨激昂的声音，而是丰富的工作经历。

在介绍自己是一个什么样的人时，重点应该体现在两个方面：（1）日常相处，展示自己平易近人的一面，愿意听取员工意见且乐意帮助员工；（2）工作风格，对待工作细致认真、要求严格等。

巧技能术语

"为了方便大家更好地了解我本人，在这里，请允许我先做一个简短的自我介绍。本人毕业于×××大学（如果学历不是亮点则可以省略不说）。此前的工作经历有……（在什么公司担任什么职位，带领多少人的团队，取得了哪些业绩等）

在接下来的相处过程中，你们会发现我这个人有三个特点……（向大家介绍自己是一个什么样的人，要真实且正向积极，如'容易相处''喜欢听取意见''工作严谨'等）

三、现状总结与个人看法

先肯定大家已有的业绩和大家的工作能力，既让员工们感觉到被认可，又让员工们知道自己是有备而来的，已经提前做好了功课。

在分析现状和问题时，要一针见血，直击要害，要有自己鲜明的观点，让大家看到自己的专业性。切忌高谈阔论，一定要结合实际情况深入分析。

巧技能术语

　　"据我了解，在我担任这个职位之前，在×××的带领下和各位同事的共同努力之下，已经取得了有目共睹的成绩……（此处列举已有的成绩）

　　但是，我们不得不承认，我们依然面临着严峻的挑战……

　　在我看来，我们当前存在的问题有三点……如果想做得更好，我们需要在以下三个方面有所改进……"

四、目标与任务要求

　　这里所提的目标是指团队或部门的整体目标，至于员工个人的目标还需要和员工进一步讨论确定。制定的目标不能"假大空"，吹牛只能起到反作用，无法真正激起员工们的干劲。当然，目标也不能定得太低，最好的目标是"跳一跳能够得着"的目标。

巧技能术语

"为了迎接严峻的挑战，我们需要在这个月/这个季度/今年之内完成下面这些目标……（阐述目标）

为了能够顺利实现这些目标，我承诺自己将会做到以下几个方面……（讲清楚自己需要承担什么责任，自己会怎么做）

当然，这些目标光靠我一个人是完成不了的，离不开在座的每位同事的共同努力，所以，我希望你们能够做到以下几点……（说明自己对员工们的要求）"

五、未来展望

开头要引人注目，中间要丰满圆润，而结尾则要富有力度。通过鼓舞人心的一番话，激起大家的斗志，增强员工的信心，迅速与员工形成统一战线，让各位员工相信跟着自己一定能取得胜利。

巧技能术语

"形势很严峻，任务很艰巨，但我丝毫不感到畏惧，因为我们有着一个非常优秀的团队。我希望，在接下来的工作中，大家团结一致，心往一处想，劲往一处使。你们只管放心大胆去做，有任何问题和困难我都会帮你们解决。我承诺，我会奋斗在第一线，团结和带领同事们克难制胜，以崭新的风貌、高昂的斗志、求实的作风，共同谱写新篇章，共同开创属于我们每个人的美好明天！

战斗的号角已经吹响。我已经做好了充分的准备，希望你们也'挽起袖子加油干'。我们要坚定一个信念：胜利是属于我们的！"

管理者应该掌握的就职演说的技巧如巧技能 22-1 所示。

❖❖❖ 巧技能 22-1

管理者应该掌握的就职演说的技巧

做好充分准备	提前做好调查工作，了解即将接管的团队和业务，最好能了解每位员工；稿子尽量自己写，写完之后请领导评阅修改，并提前背下来；多次模拟演讲现场，包括语气、语调、语速的练习
展示良好的个人形象	留给员工的第一印象直接影响着未来的管理效果，所以一定要以饱满的精神状态出现在员工面前，这就需要注意着装、发型等方面的打扮
内容真实，情感真挚	多说一些心里话、新鲜话和真话，不要哗众取宠，情感要真挚
亲民+权威	要塑造一种平易近人的形象，不要打官腔，但也不要太卑微，否则员工很难服从自己。要让员工认可和尊敬自己，靠的不是命令式的话语，而是人格魅力和实力
观点明确，表达生动	观点要明确，员工才能记得住，可以遵循"讲三点"的原则。在表达过程中要联系实际，可以用讲故事、讲幽默笑话的方式，生动形象地表达自己的想法
积极与观众互动	演讲过程中，要学会搜寻和吸引听众，通过眼神、肢体动作或直接问答的方式与员工进行互动。演讲过程最好脱稿进行
严格控制时间	时间太短会让员工觉得自己在敷衍，时间太长又容易让员工感到厌烦。一般来说，就职演说的时间可以控制在5~8分钟以内
不要越位	在演讲过程中，表述内容不能越位，要认清自己的角色身份
自信从容	自信的心态，从容的表现，能在无形之中向员工传递一种正能量和积极的信号：跟着这样的领导，肯定能成功

场景 23：年终总结

> 我是靠总结经验吃饭的。以前我们人民解放军打仗，在每个战役后，总来一次总结经验，发扬优点，克服缺点，然后轻装上阵，乘胜前进，从胜利走向胜利，终于建立了中华人民共和国。
>
> ——毛泽东

每年年底不少管理者开始发愁——如何做一次让组织满意、让员工认可的年终总结呢？管理者的年终总结与员工的年终总结不同，员工的年终总结侧重于自我成长和自身价值的体现，而管理者的年终总结则需要站在更高的层面，从部门管理的角度出发，综合考虑部门总体目标、成本与产出、员工的成长等多方面因素，这就非常考验管理者的总结能力了。

年终总结，是通过对年度工作的回顾与归纳，进而对一年来的工作进行全面反思的过程，不是"为失败找借口"，而是"为成功找办法"。一次成功的年终总结应该实现这四个目的：（1）让员工为自己取得的业绩而感到喜悦和振奋人心；（2）让员工能够从工作开展中总结和学习成功的经验；（3）让员工认识到自己的不足，并找到改进的方法；（4）让员工对组织、对部门、对领导和对自己的未来充满信心和热情。这四个目的也正是年终总结内容的主体部分，再加上开头和结尾，一份完整的年终总结应该包括六个部分：开头问候、业绩与收获、经验体会、问题分析与改进方法、竞争形势与未来规划、结束语。

一、开头问候

开头要引人注目，主要内容是向员工表示感谢，说明此次总结大会的目的，吸引员工的兴趣，并进一步引出接下来的总结报告。开头的表述可以稍加修饰，但不宜过于冗长，避免让员工觉得年终总结的内容过于形式化。

巧技能术语

"尊敬的各位领导，亲爱的同事们：

　　大家好！

　　时间一晃而过，转眼间，××年已接近尾声。回顾这一年，我的心情久久难以平静，因为这是不平凡的一年，是机遇与挑战并存的一年，也是硕果累累的一年。在此，我真诚地向所有辛勤耕耘和无私奉献的员工致以崇高的敬意和由衷的感谢，同时也通过你们向一直大力支持我们工作的家人、亲属、朋友致以最诚挚的问候和最美好的祝愿。

　　在这不平凡的一年里，我们取得了可喜的成绩，也跌过许多跟头，有许多成功的经验，也有许多不足的地方，这一切都值得我们好好总结学习。那么，接下来就让我带着大家一起回顾这一年来我们一起走过的路。"

二、业绩与收获

先通过几个关键的大事记，快速梳理整个年度的发展脉络，让员工有一个清晰的了解。再通过具体的数据来证明我们取得的成绩，一定要用数据说话，这是总结的灵魂。除数据之外，也可以尽量采用对比的方式，如今年和去年的对比、本组织与其他组织的对比等。通过对比的方式，让员工能够更加直观地感受到业绩的变化。

优秀的成绩固然能让员工感到高兴，但要真正达到振奋人心的效果，关键是让员工看到自己能从这份成绩中获得什么回报，这也是员工真正关心的问题。通过适当说明奖励政策，让员工感受到自己的付出是有价值的，不仅能帮助组织成长，也有利于自己获得回报。

巧技能术语

"在这不平凡的一年里，在各级领导的高度重视下和所有同事的共同努力下，我们取得了有目共睹的成绩。

我们先来回顾一下这一年来几个激动人心的时刻……（列举这一年来的大事记）

我们再来看看这一年来我们具体取得了哪些成绩……（用数据说话，列举具体的业绩成果）

不得不说，我们取得的成绩来之不易。成绩的背后，无不凝聚着大家的智慧和汗水。一分耕耘一分收获，这份成绩是属于每位员工的，取得的收益自然也会与每位员工共同分享……（可以适当说明奖励政策）"

三、经验体会

在这一年当中，哪些工作做得好？做得好的原因是什么？能准确回答这两个问题就是提炼经验体会。经验体会应该尽量具体一些，避免说空话、套话，也可以举一些具体的例子，方便员工理解和消化。

巧技能术语

"在这一年的奋斗过程中，我们实施了许多改进措施，正是这些成功的做法让我们能够取得如此喜人的成绩。如果我们能将这些成熟的经验运用到新的工作中，将有助于我们再创佳绩。那么，接下来我将总结这一年的经验体会，希望大家能够充分消化吸收，如果有总结不到位的地方，也请大家积极指出……"

四、问题分析与改进方法

问题分析是年终总结的非常重要的一个组成部分，却往往被管理者所忽视。有的管理者为了增强员工信心一味地夸大组织的成绩，至于问题和不足只字不提。有的管理者则是把问题分析这一环节当成走过场，常用"有待加强""仍需改进""力度不够"等字眼来阐述，问题不聚焦，无法让员工真正意识到问题是什么。

问题分析一定要尽量聚焦，不能避重就轻，要提出实实在在的问题，让员工都能深刻认识到问题的存在。紧接着，再有针对性地提出具体的解决方案。

巧技能术语

"优秀的成绩值得肯定，但终究只能代表过去，如果一直沉浸于这份喜悦之中，我们终将自取灭亡。在看到成绩的同时，我们也不得不承认和正视我们存在的一些问题……

创造始于问题，有了问题才会思考，有了思考，才有解决问题的方法。这些问题可能会成为我们前进路上的绊脚石，但换个角度思考，在存在这些问题的情况下我们都能取得如此优秀的成绩，如果我们能够顺利解决这些问题，那么我们将会登上一个新的台阶。针对当前的问题，通过我们的深入思考和讨论，提出以下几条改进方法……"

五、竞争形势与未来规划

客观分析竞争形势，让员工能够居安思危，认识到组织和自身正在面临的挑战，激发员工的动力。

在年终总结上与员工谈未来规划，不能只是简单地提几个数字，如"2020 年要实现销售额翻一番"，这种片面的信息只会在无形之中给员工增加压力，甚至会起到负面效果。正确的做法：首先，介绍组织的整体战略，让员工对组织的发展方向有一个大致的了解；其次，介绍组织和部门的规划思路，为员工指明方向；再次，提出具体的目标，目标一定要清晰；最后，围绕所设置的目标，提出具体的实施路线和方法，让员工看到目标实现的可能性。

值得一提的是，这些信息都不是管理者一个人拍脑袋能决定的，而是需要在年终总结之前先开个"小会"，与相关人员共同讨论确定。

巧技能术语

"新的一年即将到来，这将会是充满挑战和机遇的一年，激烈的市场竞争不允许我们一直沉浸在喜悦之中，也不允许我们有丝毫的懈怠。我们应该清醒地认识到，我们正面临着前所未有的艰巨挑战……新的挑战孕育新的起点，新的起点承载新的使命。

在新的一年中，我们公司的整体战略是……

我们的规划思路是……

我们的目标是……

围绕这些目标，我们的实施路线和方法是……"

六、结束语

最后的结束语需要再次激起全体员工的澎湃心情和热血干劲，可以适当引用一些让人感觉"气势宏伟"的名言警句，既表决心，又显气魄，还能增强员工的信心。

巧技能术语

"在全体员工的共同努力下，我们在刚刚过去的一年向组织、向自己提交了一份令人满意的成绩。我们不仅是这份成绩的见证者，更是缔造者！我们有责任也有信心延续这一佳绩，甚至创造出更加耀眼的奇迹。

百舸争流千帆竞，借海扬帆奋者先。时代赋予我们新的使命，同时又把我们推到了峰谷浪尖。形势很严峻，任务很艰巨，但我们丝毫不感到畏惧。在新时期、新阶段，我们要放大已有优势，凸显潜在优势，营造不具备的优势，继续脚踏实地，一步一个脚印地向前迈进。

昨日的成功带来了今天的喜悦，今天的努力昭示着明天的辉煌。从现在起让我们翻篇归零再出发，撸起袖子加油干，齐心协力，为实现组织和我们个人的宏伟蓝图而努力奋斗，共创辉煌的明天！"

总体而言，管理者在做年终总结时，应该避免六大误区，并掌握六大技巧（如巧技能 23-1 所示）。

巧技能 23-1

年终总结的六大误区和六大技巧

六大误区	六大技巧
1.形式主义	1.有内容、有思想
走形式、走过场，大量的空话、套话，不仅没能起到正面效果，还劳民伤财	有真材实料的内容，让员工有所收获；说话要有思想，大道至简，深入浅出，让人回味无穷
2.只说好话	2.有反思、有改进
好话连篇，坏话只字不提；光宣扬成绩，丝毫不总结问题与不足	客观反思问题与不足，深入分析竞争形势；有针对性地提出具体的改进方案
3.长篇大论	3.有重点、有逻辑
内容长篇大论，且前言不搭后语，让人抓不住重点	明确年终总结的关键内容，尽量说短话、说重点；提前列好提纲，层次分明，逻辑清晰
4.两个极端	4.有高度、有共鸣
说话太"高大上"或太平庸，员工听不懂或不想听	站在组织层面的高度进行概括、总结和反思；内容要接地气但不庸俗，能引起员工共鸣
5.临阵磨枪	5.有铺垫、有准备
平时不注重积累，临近截止时间才匆忙准备，或草率总结，或复制粘贴	平时就做好铺垫，将年终总结与平时报告相结合；提前开个小会，加大重视力度，做好充分准备
6.平铺直叙	6.有温度、有感情
发言如同背诵课文，没有任何感情色彩，员工听了没感觉	抑扬顿挫，把握得当，让利益相关人听了舒服，让听众觉得与自己有关；通过语气、语调的变化，引起员工的情感变化

后　记

　　本书真实展现了挑战管理者的 23 个场景，相信一定有与您密切相关的部分。您可以按本书的顺序从头到尾逐一阅读，也可以挑选感兴趣的场景先读。阅读并成功实践针对这些场景的巧技能之后，相信您将越来越成为员工心目中的优秀管理者。

　　本书是团队成员高效合作完成的新成果，是团队成员共同智慧的结晶。刘平青负责整体构思、拟订框架并把握细节，庄超民、齐月、刘涵、贺小琴、刘道玲等人积极参与，进行了大量有价值的创造性工作。其中，庄超民主要负责场景 04、05、06、07、08、17、18、19、20、21、22、23，齐月主要负责场景 10、11、12，刘涵主要负责场景 14、15、16，刘道玲主要负责场景 01、02、03，贺小琴主要负责场景 09、13。最后由刘平青、庄超民统稿。

　　本书的部分场景，我们在总裁班、EMBA 班、MBA 班、企业内训课程中研讨过多次，感谢众多的学员贡献了他们的智慧。

　　在此书付梓出版之际，再次感谢北京理工大学、电子工业出版社领导的帮助和指导！感谢每一位读者及众多朋友的支持！

刘平青　庄超民

参 考 文 献

[1] 约翰·C. 麦克斯维尔. 领导力 21 法则. 路卫军，路本福，译. 北京：北京时代华文书局，2008.

[2] 约翰·洛克菲. 伟大是熬出来的. 李刚，译. 长沙：湖南人民出版社，2013.

[3] 迈克·布伦特，菲奥娜·登特. 团队领导者. 北京：机械工业出版社，2015.

[4] 斯蒂芬 P. 罗宾斯. 管人的真理. 第 2 版. 北京：机械工业出版社，2016.

[5] 拉斐尔·拉平. 与难缠者共事. 北京：世界图书出版公司，2011.

[6] 陈珺安. 好员工才难管. 北京：北京大学出版社，2015.

[7] 惠忠波. 领导者处理问题的艺术. 北京：中国致公出版社，2004.

[8] 赵文明. 与员工沟通的 108 方法. 北京：中国致公出版社，2006.

[9] 侯跃辉. 新领导管理速成手册：新任领导迅速打开工作局面的十个关键. 北京：中国商业出版社，2006.

[10] 李永红. 影响领导执行力的 152 个经典故事. 北京：时事出版社，2006.

[11] 徐翔. 管理员工有手段. 北京：中国华侨出版社，2006.

[12] 孟祥林. 人力资源管理案例分析. 北京：经济科学出版社，2016.

[13] 秦迎林. 人力资源案例集. 北京：清华大学出版社，2014.

[14] 东方智. 领导工作实务全书. 北京：中国致公出版社，2005.

[15] 高业. 中层领导管理细节全书. 北京：中国致公出版社，2007.

[16] 彦涛. 聪明人是怎样带团队的. 上海：立信会计出版社，2016.

[17] 志朝. 靠制度管人,不靠人管人. 北京：台海出版社，2017.

[18] 杜玉梅，吕彦懦. 三分管人，七分做人. 上海：上海财经大学出版社，2017.

[19] 李钱. 管事先管人，管人要管心. 北京：中国商业出版社，2009.

[20] 周伟光. 大公司靠人去管，小公司靠人去做. 北京：台湾出版社，2012.

[21] 黄梓博. 做中层. 北京：中国经济出版社，2018.

[22] 李岳. 赢在会赞美. 北京：中国时代经济出版社，2006.

[23] 刘平青，等. 晋升沟通巧技能. 北京：电子工业出版社，2017.

[24] 刘平青，等. 向上沟通巧技能. 北京：电子工业出版社，2018.

[25] 刘平青，等. 沟通巧技能. 北京：电子工业出版社，2017.

[26] 刘平青，等. 管理沟通. 北京：电子工业出版社，2016.

[27] 刘平青，等. 员工关系管理（第二版）. 北京：机械工业出版社，2016.

[28] 刘平青，等. 领导力开发：理论、方法与案例. 北京：清华大学出版社，2014.

[29] 路易斯·卡夫曼. 不懂带人你就自己干到死. 北京：中国友谊出版公司，2016.

[30] 任正非. 我对正职和副职的要求. 施工企业管理，2015.

[31] 付立红. 探析领导班子内正职如何处理好与副职的关系. 华章，2013.

[32] 张立辉. 如何处理领导班子中正职与副职关系. 管理观察，2012.

[33] 曾双喜. 外行怎样领导内行. 人力资源，2011.

[34] 李朝辉，邓小波，张惟. 论领导者的沟通艺术. 人才开发. 2004.

[35] 赵善庆. 怎样与下属进行有效沟通. 领导科学. 2005.